基于OBE（学习成果导向）理念实践教学教材

邱红伟◎编著

高尔夫
运动基础

GAOERFU

YUNDONG JICHU

重庆大学出版社

图书在版编目（CIP）数据

高尔夫运动基础 / 邱红伟编著. -- 重庆 : 重庆大
学出版社, 2022.8
ISBN 978-7-5689-3225-7

Ⅰ.①高… Ⅱ.①邱… Ⅲ.①高尔夫球运动—基本知
识 Ⅳ.①G849.3

中国版本图书馆CIP数据核字（2022）第112285号

高尔夫运动基础

邱红伟　编著

策划编辑：尚东亮

责任编辑：李　伟　　版式设计：尚东亮
责任校对：邹　忌　　责任印制：张　策

＊

重庆大学出版社出版发行
出版人：饶帮华
社址：重庆市沙坪坝区大学城西路21号
邮编：401331
电话：（023）88617190　88617185（中小学）
传真：（023）88617186　88617166
网址：http://www.cqup.com.cn
邮箱：fxk@cqup.com.cn（营销中心）
全国新华书店经销
中雅（重庆）彩色印刷有限公司印刷

＊

开本：787mm×1092mm　1/16　印张：8　字数：157千
2022年8月第1版　　2022年8月第1次印刷
ISBN 978-7-5689-3225-7　定价：38.00元

前言
QIANYAN

本人自大学毕业至今，从事高尔夫教学工作将近20年，多年来一直通过各种渠道学习国内外先进的高尔夫教球经验与教学方法，深入研究高尔夫各项技术的基本原理，并将这些经验与方法进行归纳与总结，应用到教学实践中。本人发现大多数打球的人对高尔夫球的飞行原理和高尔夫各项技术的基本原理没有概念。另外，很多球友在高尔夫短杆和实战方面的技能比较欠缺，他们想在这方面提高又很难找到比较合适的书籍参考。基于此，本人花了将近三年的时间打造《高尔夫运动基础》一书。

本书主要内容包括球的飞行原理和高尔夫挥杆原理、短杆的力学原理、短杆进阶原理三个方面，并应用国外先进的V1教学软件，结合图片，系统全面深入地诠释了高尔夫全挥杆、推杆、切杆、劈起杆、沙坑杆等技术的基本原理。

本书共分为三章，每章均有若干小节。在每一个章节中，先介绍该技术适用的范围和重要性，阐述一些常见错误，然后通过深入剖析各项技术的力学原理，确立科学合理的技术动作，最后分享不同的练习方式和方法，让球友更好地理解与学习该运动技术。

本书既包括理论和方法，也包括技巧和策略，书中配有200多幅图片，图文并茂，既适合高尔夫初学者，也可以作为中低水平球员的进阶指南，更加适合开设相关专业的院校师生作为教材使用。

本书的完成得到了珠海科技学院（原吉林大学珠海学院）的大力支持和多位同事、教练、朋友的帮助，在此表示衷心的感谢！

邱红伟

2021年9月于珠海科技学院

目录
MULU

第一章

高尔夫挥杆基础

Champs only!

第一节　学习的步骤

◎ 高尔夫知识的应用

图 1.1　获得正确帮助是成为更好球手的第一步

高尔夫的学习方法——"阶梯法"被许多高尔夫研究机构认为是培养高尔夫球手从新手到高手非常有效的一种方法（图 1.1），它被广大的高尔夫爱好者所接受。此种学习方法用来帮助学员学习运动技能，从而成为更好的球员。随着每一项技能学习，按照步骤落实，打球所需要的各种身体动作将会变得更有效率。这些进步有可能比你想象得小，也有可能比你想象得大，有可能你花了很大的力气却没有达到预期的效果，但是高尔夫运动的复杂性就在于要求球员在场上有应对更多挑战的能力。当你阅读完本节剩余部分内容并实施你的训练计划时，你会收获更高效地掌握高尔夫技术所带来的喜悦。

"循序渐进"可能是对球手塑造过程最好的表述，正如画家在空白的画布上通过添加各种不同的颜色，一点一点地创作出一件艺术品，你需要以信息和经验（适当的练习）的形式添加"颜色"，从而创造出属于你的完整作品。

首先你需要理解整个动作的物理原理或者怎样去改变已经形成的动作习惯，然后才是将这个动作运用到球场中。以下是学习步骤的总结：

（1）知道正确动作的特征；

（2）设计做出正确动作的步骤以及稳定地执行；

（3）在打球时正确使用学习的技能；

（4）固定动作。

作为一个球员或者教练，你需要深刻地认识到，在高尔夫球的初学阶段，你或者其他人都难以完成一个完美的动作，或者打出一个完美的球。认识到这一点，当你设计出一个完美的步骤时，那只能算是向目标迈进了一小步，你的注意力应该更多地放在动作上，而不是球的效果上，你需要不断练习这个正确的动作。

当动作接近你想要达到的效果时，你对自己的要求应该更加严格，当你向正确的方向前进时，你会发现不好的旧习惯还有低效的动作会越来越少，甚至消失了。当你打出的球效果越来越好时，也意味着你的老动作转化成了更合理的新动作。但很少有球员能够达到自己想要的效果。

◎学习初期要掌握的知识

一切从何开始？无论你目前的知识和能力水平如何，你都必须以全新的视角来看待这项运动。当你确定一个正确的高尔夫动作特征时，你需要了解此动作的完成质量在普通与优秀之间的区别（图1.2）。衡量动作完成成功与否的标准包括三个方面：时间因素——肌肉活动的协调性；空间因素——在杆面中心击球；熟练程度——方向、距离、击球方式和挥杆轨迹。

学习应该从看专业资料或者教练的指导开始，这些信息可以来自高尔夫教学专家，这个专家既可以是你的教练，也可以是一本书或者是一篇详细的文章（通过很短的几句话或者一页文字内容的学习，虽然能够解决具体的问题，但达不到系统学习的目的）。在最初的学习阶段，身体、视觉以及语言刺激是你需要的三种指导方式。这些方式可以在很大程度上减少错误的发生。在学习高尔夫球所需的动作时，某种形式的指导对你来说是极其重要的。在运动技能的学习过程中通常会有以下四种指导方式：物理限制、强制响应、建模以及口头指导。只要你的学习过程是正确

图1.2 练习动作时要注重细节，握杆、站姿、瞄准等基本动作对高尔夫挥杆技术影响很大，一定要花时间纠正和练习

的，这些方式可以由你的教练，或者一个球员朋友，甚至是自己独立完成。

图 1.3 示范和口头指导能够让学生更快地掌握学习的动作

物理限制是指限制学生有错误动作的机会，进而鼓励学生在容易接受的情况下做出正确动作的训练手段。可以通过使用各种设备去限制，一个相对低成本的方法就是用球杆、杆套、软的泡沫轴放在球的周围，去限制击球的路线，这种方法学生比较容易接受。

强制响应属于动作的范畴，它需要学生通过控制身体完成所需要的动作，这类型的指导可以由教师或者教练控制学生的肩膀做半圆周运动。教师或者教练的动作演示为学生提供相对标准的技术模型(图 1.3)，作为学生模仿动作的参考。

另一种形式是建模，以此有效地减少学生寻找到合适的方法所需要尝试的次数。当教师或者教练展示正确动作的图片时，学生会尝试将图片形象化。教师或者教练应该经常用这种方式去引导学生。

口头指导是最常见的指导形式，但是却有许多限制，它依赖于教师或者教练通过语言表述来解决学生学习过程中问题的能力。高尔夫运动水平较高的球手对于高尔夫专业术语是能够理解的，但是新手未必能理解，所以在指导学生的过程中，口头指导可能会因为错误预估学生的理解能力而受到阻碍。如果表述不对，就会影响学生动作的正确性。口头指导的优势在于能够清楚地解释整个动作发生过程的步骤。

◎学习过程中遇到的问题

在进入下一步的学习内容之前要先把前一步的学习内容完全掌握。遵循这种学习方法，会让你学最后一步像学第一步一样简单。如果不这样，就将影响到你最终是否能够完成整个动作。在学习高尔夫这一运动技能的过程中，最快速、最持久的学习方法是每一步都无缝叠加在之前的强化阶段之上。

在学习过程中，教师或者教练的指导将会成为你学习高尔夫的重要部分，你需要不断强化习得的每一个步骤。在进行下一个动作学习之前，要尽可能熟练地掌握上一步学到的技术动作，将学习过程中的错误最小化，使基础从薄弱到稳固，而教师或者教练会给你视觉上的反馈（细节上的反馈），他会帮你判断你是否达到了精通的水平。如果你没有合适的教师或者教练帮你判断，你也可以通过视频来观察你的进步（图1.4），这是非常重要的，这种指导形式提供的视觉信息和线索将会帮助你更快地达到目的。

图 1.4 智能手机的应用程序使得人们可以很容易记录他们的动作和视图

你应该不断练习，直到现在学习的这个步骤出现的错误尽量少为止，否则不应该进行下一步的学习。当你试图快速地进行下一阶段的动作练习，这一阶段的动作练习将收效甚微，学习将倒退到前一阶段。因此，你不仅要保持前一阶段的水平，而且还要想着向最终的目标前进，这是非常重要的，作为练习的一部分，你必须不断重复前几个阶段的学习内容。

当你能够很好地控制每一个步骤的动作时，新的动作就会被整合到肌肉中成为一个协调一致的动作，而不是需要去刻意关注的动作。在非训练动作练习的击球中，熟练的动作表现会促使你的注意力放在重要的地方，而不是被其他东西吸引。当你变得更加擅长使用正确的动作击球时，你会发现忽略外界的干扰是很容易的。新手会容易被外界干扰，而熟练的球员能够区分外界的信息，注意并能够利用好有用的信息，因此，他们会产生更好的击球效果。

◎ 合理处理旧的理论知识

对于高尔夫的初学者，前面已经制定了一个相当标准的学习计划。表面上，这是一个循序渐进的过程，将会让球员技术提升更快。然而大多数球员都受过一些指导，或多或少有一些根深蒂固的习惯，使接受新的运动模式变得有些困难。为什么会发生这种情况，我们能够做些什么呢？

我们知道人的大脑类同于先进的设备，它会保存并保护我们所知道的一切概念、技能、信念，还包括大量无用的琐事。在高尔夫运动中，大多数球员已经进行过部分练习，以致他们完成整个动作时大多是本能的、无意识的，他们可以毫不费力地完成整个连贯的动作，而不需要考虑那些步骤，就像打开一盏灯和一扇门那样连贯。大脑运作的方式和电脑储存信息的方式一样，在 RAM 中检索会比从硬盘检索更快。大脑保存并保护你所学到的东西，以保障你不必重新学习。

当需要改变时，问题就出现了——同样的事情发生时，大脑会试图保护你以往学到的知识，无论对错，从而导致学习混乱，这就是为什么说"旧习难改"。就像打高尔夫球时的挥杆，你的大脑会自动运行已经保存的旧的模式，你无法让它停下来然后采用新学习的知识。你先前习得的技能会在学习周期中造成破坏，这种主动地抑制（知识保护功能）影响了新技能的保留，很快旧的习惯又会在运动的过程中苏醒，从而造成对新技能的"加速遗忘"。

接下来是适应阶段，持续练习以及不断努力会让挥杆作出预期的改变。在指导和训练下，你将会保留新技能相当长一段时期，但在激烈的竞争环境中，它仍然有可能消失，所以你需要加强练习，从而达到期望的结果。在正式进入下一个阶段时，必须保证你已经掌握了之前的所有步骤。这大概是最需要教师或者教练的时候，如果没有适当的学习反馈，你可能会试图加快进度。这样做时，旧的模式会再次出现，没有一定的强化，这个适应期有可能持续数周、数月，甚至数年。所以保证掌握了之前的步骤再进行下一步的学习十分重要。在进入下一步之前，教师或者教练的反馈会让你保持进步而不是倒退。

保持耐心、努力是成为一个熟练的高尔夫球手的两大重要因素。一个人如果想将高尔夫打出比较高的水平，他必须掌握整个学习过程。付出多少努力决定了他会有多少进步。遵循每一个步骤会让他达到想要的水平，必须记住每一步都需要掌握，才能继续下一步。努力越多，目标达成越快；缺乏练习，可能会停滞不前，甚至退步。

建立一个目标，进行循序渐进的学习，并在进入下一步前掌握每一步骤，是一种非常有效的方法，这可以让你获得成为一名优秀球员的技能。教师或者教练认真地指导并诚实地反馈，并鼓励你练习，直到你掌握每个技术，这将让你受益匪浅。通往高尔夫球的道路并不平坦，你需要走正确且高效的路（图 1.5）。

图 1.5　打高尔夫的最终目标是能够在重要的时刻发挥最佳水平，打出好成绩

　　作为一名学生，学习一项运动技能，会让你变得更容易与那些寻求专业指导的人接触。当你指导别人时，你可能会发现他们没有正确掌握动作，以致一直在练习错误的动作，通过你的指导，让他们超越之前练习的水平。教学注重的是学习的时间点以及学习的内容，在教学过程中，不断练习错误动作就会放大错误的效果。

第二节　了解球的飞行规律

　　当你开始了解高尔夫球的飞行原理以及路线时，你将会获得技能上的进步。高尔夫球为什么会沿着它的初始路径出发以及它为什么停留在这里，这条路径或轨迹曲线产生的具体原因是什么？这不是魔法，只有在杆头的作用下才会使球飞行。作为这项运动的学生以及未来的教师或者教练，你应该花时间去了解相关因素，这会使运动和教学变得更加简单。

　　打高尔夫球的目标是击球，把球从 A 点移动到 B 点（发球台或者球道中间到球洞或者适当的落点），有两个必须解决的问题：距离以及方向。每一个球员都应该练习并协调这两个方面，无论是几码的距离还是几百码的距离，球员的问题都是一样的：我应该打多少码以及向哪个方向挥杆才能达到目标？

　　当考虑距离与方向时，涉及的因素有五个，其中三个因素和距离有关，两个因素和方向有关。其中任何一个都会受到技术的影响，它们都是在挥杆击球时产生的，其他因素如风、雨、地形、设备和球的规格都对距离与方向有比较大的影响，但它们不是能够被球员直接控制的（除非事先选择了球和设备），所以对这些因素不加以讨论。距离受到三个因素的影响：杆头速度、触球点以及击球角度。方向受挥杆轨迹、击球瞬间杆头开放和关闭的程度影响。

◎杆头速度

杆头速度是球员讨论的第一个可控制的因素，以下五个变量对它有影响：

体能

身体的灵活性

挥杆技巧

杠杆（身长：如手臂长度）

神经肌肉的协调性

其中，力量是影响距离的最重要的因素，但它并不是唯一因素——一个强壮的个体不能有效地使用所有力量，那他打出的距离有可能会比一个力量小的球员更短，因为力量小的球员有可能灵活运用了其他几个因素。

如果球员的身体受限制，那么他是可以通过选择而改进的，教师或者教练应该有意识地结合球员的身体条件，并理解球员可能因此存在的局限性。球员手臂的长度受到遗传因素的影响，它不是可以通过努力练习而改变的，但可以通过选择球杆的长度达到目的。神经肌肉协调性又是另一种会受遗传影响的客观身体条件因素。

高水平的教师或者教练都会结合他们的学生的身体条件，在整个教学过程中，会集中注意力在那些能给学生带来最大益处的方面。力量和灵活度都能够通过努力得到改变，当加上技术的改进后，可以获得更快的杆头速度以及更远的击球距离。

◎触球点

在高尔夫运动中，杆头速度本身不是距离的唯一决定因素，球必须接触杆面，但只接触杆面是不够的，为了达到最大的距离，球必须接触到杆面中心的"甜蜜点"，在这个打击点上的任何角度击球，都会给球员一个比较好的结果，距离"甜蜜点"越远，球的运行距离越短（图1.6）。

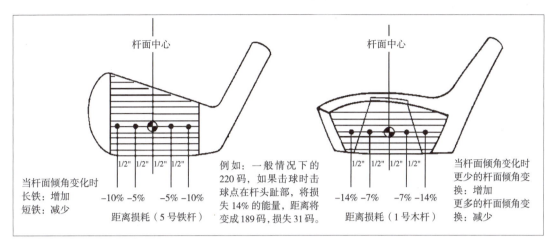

图 1.6 偏离中心点（甜蜜点）击球的距离损失百分比

◎击球角度

　　击球角度也会影响距离。起飞角度越大的球，球有更多的后旋，后旋增加会给球一个升力，使球上升，从而产生更高的飞行轨迹，但会减少球的飞行距离。每支球杆都有一个完美的起飞角度，可以创造最大的距离。如果改变了起飞角度，减少了向前的能量，球的飞行距离就会变短。

　　"越简单轻松的挥杆，击出的球距离越远"是有一定道理的。如果高尔夫球员不受限制地做出动作，这时候他们就会发现用杆头的正中间以正确的角度击球，力量能够从杆面最大地转移到球，这种完全不受约束的力量的释放，避免了身体紧张的影响，最终将会得到最大的距离。这种体验并没有什么魔力，仅仅是物理的基本定律在它们最有效的因果关系模式中的运用（图 1.7、图 1.8）。

图 1.7 一号木杆以水平或稍微向上的角度击球可获得最大距离

图 1.8 短铁杆的击球角度要比一号木杆陡峭很多

◎方向

在高尔夫挥杆中，有两个主要因素影响球的飞行方向，它们是杆头轨迹和杆面角度。杆头轨迹是杆头运动的方向，从相对目杆方向看，它是指杆头水平角度的移动轨迹。它可以分为方正（从内到外再向内）、从外向内、从内向外三种。它主要影响球飞行的初始方向。而杆面角度则表示的是在杆头击球时杆面正对的方向（即与杆平面成 90° 角的方向）。杆面角度分为方正的杆面、开放的杆面和关闭的杆面。它主要影响球在空中飞行的弯曲方向，杆面的角度开放和关闭越大，球在空中飞行的弯曲也会随之变大。

所有球的飞行都是在杆面与球撞击的瞬间发生的，根据撞击瞬间不同的杆头轨迹和杆面角度，球会产生不同的飞行路线（图 1.9）。实践证明，杆面角度比杆头轨迹对球飞行的方向影响更大。当你选择击球方式时，应该更多地关注杆面角度的变化，而不是通过改变杆头轨迹来达到目的。因为想要通过改变杆头轨迹让球偏离目标 20° 都是非常困难的。而改变杆面的角度就容易很多，它可以通过灵活的旋转手腕来改变杆面角度的状况，从而实现球在空中弯曲方向的变化。总而言之，改变杆面角度比改变杆头轨迹更容易改变球飞行的路线。

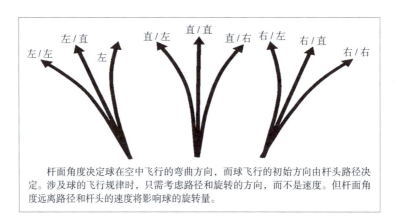

杆面角度决定球在空中飞行的弯曲方向，而球飞行的初始方向由杆头路径决定。涉及球的飞行规律时，只需考虑路径和旋转的方向，而不是速度。但杆面角度远离路径和杆头的速度将影响球的旋转量。

图 1.9　杆头路径 / 杆面角度

无论怎样变化，球的飞行路线都是由杆头轨迹以及杆面角度决定的。球杆和球之间的摩擦会导致动力学的变化。球和球杆面之间的摩擦力越大，变化的可能性越多，但是并不明显。众多高尔夫技术领域的专家学者和 Trackman 的研究数据，已经证明了杆面角度对球飞行的影响是 83%，而挥杆轨迹对球的飞行的影响只有 17%。研究还表明，一号木的杆面角度影响球飞行是 85%，而铁杆则是 75%。因此，杆面角度才是影响球飞行的主要因素（图 1.10）。

当研究球的初始方向时，我们只能在击球的几毫秒中观察，所以用眼睛没有办法看出不同杆面的效果区别。我们只能注意到最大的不同是：球的飞行轨迹（可能导致侧旋），撞击的速度，击球点与"甜蜜点"的距离。这三个因素都会使球产生不同的旋转量，影响球在初始方向飞行多远。

不同的击球点产生不同的旋转，这是一个物理变化，是影响球飞行轨迹的其中一个因素。击球点距离球的中心越远，球受到球杆冲击力的旋转量就会越大，增加力度会使球旋转得更多。

对于那些角度较大的球杆来说，就会有更多的倒旋。考虑到高尔夫球是圆滑的，而球杆面相对较平，在碰撞的过程中，不同角度的杆面也会产生不同的结果。

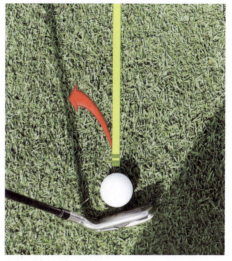

图 1.10　杆面控制将使球开始时更靠近杆面方向而不是球员挥杆方向。然后，球将根据特定的球杆、与路径有关的杆面角度和杆头的速度来弯曲

面也会产生不同的结果。在垂直平面的中心和水平平面的中心的比较中，击球点更接近垂直平面的中心会产生更少的倒旋以及更大的侧旋。当挥杆轨迹和杆面的夹角增大时，球的自旋速度会增大；角度越小，自旋速度也会越小。

本书的目的就是初步了解球的飞行规律，能将这些理论知识熟记有助于提高打球的水平。

◎规律、原理和个人喜好

在这项运动的历史中，有许多人尝试用不同的方法来教高尔夫。许多方法十分有效，但过多的教学方法比错误的教学更加让人困惑，教师和球员都会将自己的正确方法用来比较。可以看到世界顶尖球员们的挥杆动作也是不一样的，虽然比较类似，但在挥杆组成元素以及原理上都是不一样的，在物理学上归类为不同类型的波动。

教师或者教练们有一种方法证实他们的观点，就是通过成功的学生以及案例去证实自己的方法是正确的。他们教导某一个学生的方法是正确的，但不一定适用于每一个学生，一味地宣传成功的案例而忽视失败的案例，并以此贬低其他理论从而获取出书以及教学视频的机会，这种行为是不可取的。

对错在于结果而不在于哪一种方法，我们没有办法限定学习高尔夫的方法，就像我们没有办法完全了解生活的一切，我们只能结合自身情况，做好自己。这就意味着每一个高尔夫球员都可以有很多种方法去选择。

标准的挥杆方法是有用的，与完美的挥杆、理想的时间、完美的平衡移动相比更加实用。完美的挥杆动作一定不是单一的方法才能产生的。在这一项运动中，任何方法都是被允许的。

提倡一种教学方法还有另一个问题需要思考：它是否对每个人都适用？它是否适用于那些肌肉无力、缺乏灵活性的人以及老年人，还是更适用于年轻人，或是柔韧性好的人和强壮的人。这种教学方法需要多少手部的力量，一个人需要多长的时间才能精通。示范的人到底是身高 180 cm、体重 65 kg，还是身高 170 cm、体重 80 kg 呢？对于大多数其他的体育运动而言，运动员的动作总是和他们的体型相匹配（图 1.11）。

图 1.11　高尔夫球手的体型和力量大小都有许多不同

教师或者教练是一个可以将知识组织起来的人，他研究自己的方法，并对学生进行测试，得到充足的信息反馈之后，再与别人进行探讨、改进。一个有能力的教师或者教练会拥有有效的方法，但一个伟大的教师或者教练绝对不会只局限于一种方法。有能力的教师或者教练善于教导挥杆动作，而伟大的老师或者教练更善于诊断问题，了解学生并最终让学生习得适合自己的动作。教师或者教练通过识别学生个体差异，教导学生，并使之动作熟练，把所有的这些都考虑进教学模式，不把任何一种方法凌驾于别的方法之上。我们追求的是通过学习系统地理解高尔夫的原理而不仅仅是学习一种完美的挥杆。我们的目标是达到一个标准，在努力达到这个标准的前提下，任何方法都可以尝试。教师或者教练应该先分析球员问题，然后运用自己的方法，以解决或者减少这些问题。了解高尔夫挥杆可以分为三个层面：

（1）知道规律；

（2）了解原因；

（3）个人喜好。

每一项的定义如下：

知道规律是指在一定的条件下，能够分析击球原理中各项要素对球飞行路线的影响；

了解原因是指在知道规律的基础上能正确解释球在空中飞行路线变化的主要原因；

个人喜好是指建立在规律以及原因之上自己选择的击球方法、设备等。

◎ 规律

我们在模型中提到规律，并没有使用它直接处理挥杆的问题，它是影响球的飞行的绝对因素。因为高尔夫挥杆不同于别的运动，挥杆时的姿体动作没有绝对的原则，唯一绝对的是球的飞行使用的功绝对不是挥杆产生的所有功，所以我们将它称之为规律而不是定律。影响球飞行的距离以及方向的因果关系有五个比较大的因素：

（1）杆头速度。准确来说应该是球杆击中球的瞬间速度，它可以影响球飞行的距离以及轨迹。

（2）甜蜜点。是否击中杆面的甜蜜点十分重要，击球点离甜蜜点越近，杆面给球传递的力量越大（图 1.12）。

（3）杆头轨迹（图 1.13）是杆头创造的弧线。上杆然后下杆，杆面接触到球，这个过程所创造的路线是影响球的飞行路线的主要因素。

图 1.12 击到杆面中心比击到杆面前端会产生更多的距离和好的方向

图 1.13 上杆和下杆的轨迹是不一样的

（4）杆面角度也是衡量挥杆是否准确的因素，球是否能够按照原来的轨迹飞行，或者向左、向右弯曲（图1.14）。

（5）击球角度是最后一个影响因素，能够影响球的旋转速度、球的轨迹，以及飞行的距离（图1.15）。

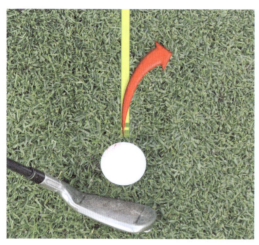
图1.14　当路径朝向目标，杆面朝向路径的右边时，球将从目标的右边开始，并进一步向右旋转

图1.15　较短的铁杆比较长的铁杆和木杆有更陡的角度

许多其他因素也可以影响球的距离和方向，虽然它们并不是绝对的。而球员，除了选择设备和调节心理之外，几乎没有办法控制任何一个其他的因素：球杆的结构、杆面的样子、击球面材料等，其他的设备设计特点，也会对球的飞行方向和距离有着重要的影响。此外球员同样无法改变的因素还有温度、湿度、风、地形和海拔等。

在整个挥杆过程中，最应该考虑的是球飞行的规律，因为它们是绝对的，为球的飞行提供了基础理论。

任何高尔夫的教师或教练都应该以飞行规律为教学基础。无论球员的身体状况、性别和年龄是怎样的，球杆是怎样的，飞行规律都适用。无论球员使用的是一个开放或者封闭的姿势，下杆的速度是快还是慢，握杆的手势是重叠还是互锁，手腕形状是扁平还是杯状，都需要遵循球的飞行规律。因为球的飞行受力量以及方向影响，所以球员有多种选择，通过各种因素的组合来改变球的飞行路线以及距离。

◎原理

我们已经讨论了控制高尔夫球的方向和距离以及球的飞行规律，下面需要知道高尔夫挥杆以及运动员如何将这些原理运用到高尔夫球上，主要的原理有14条。正如前面所讨论的，没有一个完美的挥杆动作可以让球员进行学习。作为学习挥杆的球员，你会发现每一个人的动作都不一样，对球施加的力度也不一样，因为这些力量是可以通过一些其他因素获得的。有些球员会下意识地去改变距离和方向，从而产生最佳选择的组合。

在这本书的其余部分，将对这 14 条原理分为不同的部分进行讨论。首先讨论挥杆前准备部分，包括握杆、瞄准和站姿三个原理。接下来将单独讨论后面的 11 个原理，并且列出它们对距离以及方向的影响，其中一些原理将会出现在两个类别之中，而有一些原理只出现在一个类别中。每一个细节都会被提及，将会列出该原理的主要影响是否与方向和距离有关或者两者都有影响。

挥杆击球，在许多高尔夫比赛中都有提及和讨论，但是这本书把讨论重点放在原理和个人喜好上，这种方式可以成为球员寻找自己风格的指南，了解每一个原理特定方面的差异，将使读者能够找到匹配这些偏好的最佳方法，从而达到预想的结果，让读者成为更好的球员。

第三节　挥杆前的准备：握杆、瞄准、准备姿势

◎握杆

握杆指的是在挥杆过程中，手在球杆握把上的位置，包括手掌、手指和拇指的位置，它主要影响球的飞行方向。对于任何一本高尔夫的书籍来说握杆的讨论都是极为重要的，并且是许多文章的基础。伟大的球员以及伟大的教练首先会专注于对握杆的研究，而其他的球员总是把注意力放在协调身体的平衡以及击球上。为什么会有这种差异呢？下面的这些名人名言能够为你解答：

汤米·阿尔玛（Tommy Arrmour）说：所有好的击球都以握杆为基础，握杆姿势正确，其他的进步就会随之而来。

鲍比·琼斯（Bobby John）说：正确的握杆姿势是挥杆的基本需要。

鲍比·洛克（Bobby Locke）说：一个球员如果没有正确的握杆姿势，那他的错误马上就会开始。

山姆·施尼德（Sam Snead）说：没有一个正确的握杆姿势，就没有可能打好高尔夫。

本·霍根（Ben Hogan）说：高尔夫从正确的握杆姿势开始。

汤米·博尔特（Tommy Bolt）说：我必须把错误的握杆方式视为最常见的击球错误。

阿诺德·帕尔默（Arnold Palmer）说：握把是关键的连接点，它是将身体的力量和速度传递到球杆的通道。

加里·普莱尔（Gary Player）说：如果没有正确的握杆方式，任何球员都不可能打好球，这是非常肯定的事情。

艾伦（Anon）说：你从来没有看见过一个打得好的球员，用错误的握杆姿势。或者说，你从来没有见过一个打得不好的球员，用的是正确的握杆姿势。

朱利叶斯·博罗斯（Julius Boros）说：大多数人没有注意到，球员打得好与坏主要区别在于是否掌握正确的握杆姿势。

拜伦·纳尔逊（Byron Nelson）说：在高尔夫运动中有些事情你必须做得非常完美，如果只做一半，将没有任何的成效。这一句话就非常适用于握杆。

本·霍根（Ben Hogan）说：对于我来说，握杆的学习十分重要。

在本·霍根的著作《现代高尔夫基础》中，把一整章都花费在握杆姿势的介绍中。他甚至建议，握杆必须每天练习，并且超过一个月，来调整手的舒适程度。汤米也说过，如果他的学生有足够的耐心，他会花上几周的时间，来指导他们掌握好握杆的知识。

一个好的握杆动作，能够让球员打出更多最好的击球，这里的关键词是"更多"。这种情况如果十次击球中能发生五次，那也绝对是很好的结果。它意味着最大化满足距离和方向期望的平均水平。下面是对于正确握杆的建议：

（1）正确的握杆姿势并不是球员自然的姿势，它必须经过学习，以产生最大的击球速度以及正确的击球位置。

（2）改变不正确的握杆姿势要花费很多的时间，所以最有效的方法，就是一开始就学习正确的姿势。

（3）一般来说，两个手掌的掌心应该相对（图1.16）。当然根据球员的体型和力量，这个位置也不是绝对的，但大部分的球员可以适用。

（4）握杆的力量应该在整个挥杆的过程中保持一致，这样才能维持方向不变，以及控制球杆的速度。

（5）所有手指应该作为一个整体工作，需要连接到一起，不能分开（图1.17）。

（6）在挥杆的过程中，球员应保持对杆面位置的意识，同时保持握杆的感觉。

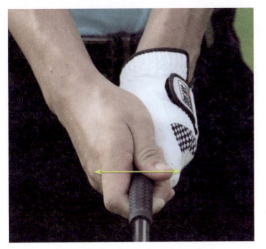

图 1.16 手指关节的内侧应该相互对应

图 1.17 前手手指保持球杆平衡，后手手指支撑，两只手作为一个整体联系在一起

◎握杆对球飞行路线的影响规律

在这一节中，我们将就握杆对球飞行路线的影响规律进行探讨。我们将会看到不同高尔夫球员所使用的不同握杆方式，讨论球员采用这些方式握杆时球的飞行线路的变化。你需要知道这些影响是因为握杆而产生的，而不是因为挥杆中的其他因素产生的。而且这种影响早在握杆的时候就已经产生，在击球的时候体现出来。

握杆主要是对球飞行的方向造成影响或者说是对击球时杆面的位置状态造成影响。还记得早先关于球的飞行路线的讨论，杆面位置状态是球的飞行方向的控制因素，它甚至比挥杆轨迹更为重要。在讨论握杆的时候总结出四个大点，球员可以根据自己的特殊偏好进行选择，也就是：握杆方式、手的位置、握杆的力量以及一致性。

◎握杆方式

握杆方式是指球员的手握在球杆握把上的方式，这个位置主要取决于球员手的大小、力量以及柔软程度，其主要的类型有以下几种。第一种是重叠式握法，前面手的小拇指被后面的手覆盖，现如今大多数的球员都会使用这种握杆方式，但并不是所有球员的手都适合这种握杆方式，比如说许多青少年选手以及女士，手指相对短，力量不足，这种握杆方式并不能让他们获得最好的结果。世界著名的高尔夫球手 Jack Nicklaus 和 Tiger Woods 采用的是第二种握杆方式——互锁式，这种方式就是把上面手的小指和下面手的食指结合在一起，通过这种方式把他们的两只手连接起来以便于控制球杆。对于一些球员来说，这样的握杆方式需要注意手指交叉保证球杆移动的力量来自后面的手掌，从而大大减少了手腕关节的移动。但如果手指交叉得太紧也会导致后面的手在下杆的时候移动太多，从而使球员很难击中球。而第三种握杆方式是十指握法。许多初学者都会使用这种方法，因为它可以在更大范围内抓住球杆，后面的手可以使用更大的力量挥杆，青少年球员和部分成年女性球员特别适合这种方式握杆（青少年和女士手指小，力量弱）。但是用这种方式有一个缺点，如果球员的十指不够强壮，下杆的过程很难保证两只手作为一个整体运动，两只手的分离将会导致杆面位置状态以及击球速度的改变。这三种握杆方式都有各自的缺点和优点，球员可以根据自身条件进行选择。

◎ 选择正确的握杆方式

球员应该根据自己的力量、灵活性以及偏好来选择一种适合自己的握杆方式，在挥杆的过程中他会知道自己身体的哪个部位更有力量，握杆方式的选择通常需要教练一起解决。

当一个球员的灵活性有限或者力量不够大时，可能需要十指握杆的方法，以增加力量和灵活性。如果球员有强大的力量和灵活性，他可以选择互锁式或重叠式。

◎ 握杆位置

握杆位置是指手按顺时针方向还是逆时针方向旋转。传统上称为强或弱，这种说法有点误导，因为它并不是指球员对杆握得有多么紧，而是指球员在击球瞬间手腕转动的倾向，对于手有力的球员来说顺时针方向转动使他的左手虎口指向他的右肩，或者更右边。在之后的学习中我们将这种握杆的位置称为强势（图 1.18）。这种强势的握杆方式会有两种不

图 1.18　强势握杆将导致击球时杆面关闭

同的影响，前臂旋转才能让球员感到更加自然，从而使杆面处于关闭的状态。但一些有成就的球员已经学会了调整运动状态来影响球的飞行，杆面可以反向旋转，形成开放状态抵消握杆的关闭状态。

相反的，开放状态的球员左手虎口的Ｖ形总是朝着身体中间的左边，称之为"开放杆面"。球员可以发现，两个拇指都会在他主导力量的手的一侧。挥杆过程中，任何一个旋转都会使挥杆路线产生转变。

◎握杆力量

握杆力量在挥杆过程中，是最难以把控的点之一，它是球员对球杆掌控的力量。在力量的转变中，它会有所损失。下杆速度越快，杆头的离心力越大，球员会本能地增加握杆的压力。打个比方，就像挤牙膏一样，你必须慢慢地挤，才能把牙膏挤出来，而在握杆时，你需要感受杆头的重量，每个球员的挥杆风格不一样，握杆的力量也会有所不同。以前的高尔夫球手，用每只手的大拇指和食指施加压力，施加压力总是在惯用手的食指上。现代高尔夫球手用每只手其余的三根手指施加压力。在力量的讨论中，我们总是去测试施加了多少力量，因为我们需要知道，力量大小的不同，对挥杆速度以及控制有什么样的影响。

◎一致性

最后，球员需要控制握杆的一致性。他可以选择每次握杆的位置都一样，或者有一点不一样。在高尔夫挥杆过程中一致性出现细微的变化都会给击球在方向和距离上产生巨大的影响。高尔夫是一项精准度极高的运动，而握杆就是精准度最先的体现。球员要想握杆有一个好的一致性需要形成一个握杆流程，每次用一种一致的方法来握杆。每个人的握杆方式都不一样，他们总是会建立起自己的程序，让他们的手每次都在握把的同一个位置。一个有经验的球员，两只手握杆的位置总是相同的。

◎握杆感悟

（1）球员握杆的时候，感觉手心总是空一个洞，证明他处于放松状态。

（2）强壮的、有柔韧性的球员，可以通过调整他们的动作去击球，而不是握杆。天赋较弱的球员，需要通过改变握杆的方式改变动作。

（3）长的拇指导致更长的摆动，减少手腕和前臂旋转的影响。

（4）短的拇指会缩短下杆的长度，让手的动作更多，以及前臂旋转更大。

（5）通过放松手臂，形成自然的握杆方式。用手拿着杆，把它举到腰部以上的位置，使它的位置达到眼睛的高度。用主导的手拿着球杆，然后将另一只手放到杆上，使手掌朝向握把。

（6）自然的握杆方式会形成更好的挥杆动作。

◎瞄准

瞄准包括身体瞄准以及杆面瞄准，它主要影响着挥杆的方向。它对击球的路线有重大的影响，即使不是绝对的影响因素，也是重要的影响因素之一。

高尔夫一直被称作以球员判断方向和距离为基础的一项运动，得分并不仅仅在于击球瞬间，它还需要很多其他的能力来完成整个挥杆。一个高质量的击球才能产生较远的距离（相对于发球T台来说），或者正确的方向（相对于洞来说），无论是让球飞到洞的左边或右边，都是效果不佳的击球。只有当目标是正确的，才能正确挥杆。当球员的目标不正确的时候，错误将会产生。

正确的瞄准由许多个因素组成，球杆尤为重要，然后才是球员的脚、膝盖、臀部、前臂、肩膀，甚至眼睛，它们的组合与目标也有关联。怎样才能打出一个直的球呢？杆面必须朝向目标，杆面与目标线必须形成直角（每个球员身体和杆面的组合都不一样，但身体和杆面的组合始终是朝着正确的目标的）。

◎瞄准的过程

在高尔夫运动中，瞄准和其他运动的瞄准不太一样。比如在枪的瞄准中，只需要用眼睛对准瞄准系统就可以了。但在高尔夫中却相反，因为我们要将身体调整到球杆的一侧，侧面对着目标，所以眼睛看到的角度将不一样。球员是从杆到肩膀之间的角度去看目标的，许多高尔夫运动中出现的错位现象都是由于球员的双眼和双肩没有与目标线平行所致。另外，脚、膝盖以及臀部也会影响肩膀的位置，所以说，高尔夫是一项身体组合运动，即使是专业的球员也要不断地练习身体的协调能力。瞄准是高尔夫运动的基础，它不需要很高的天赋去学习，但它的确需要很多的专注力。

◎杆面的瞄准

许多教练或者教师达成的共识是，让杆面瞄准稍微近些的某个目标，或者使用工具创造一条直线，放置在球的前面，使球对准目标，这样更容易使球飞向最终目标（图 1.19）。虽然这不是最严谨的做法，但对于初学者来说是最有效的。

图 1.19　杆面应该直接对准预定目标

◎身体部位的瞄准

在瞄准的过程中，身体部位的对齐更加复杂，有几个部位必须调整正确，不像杆面瞄准，它们并不是每次都对准同一个点，身体部位的瞄准以球员的视野为基础。因为每个人的视角不一样，视觉差很容易就会造成错误，所以他们的动作可能不是教练或者教师所期望的。正常的瞄准顺序是脚、膝盖、髋部、肩膀、双手（图 1.20）。球员的任何一个身体部位没有瞄准目标，都有可能导致完全不一样的结果。实验证明，让有经验的教练或者教师指导是最好的办法。球员的身体要与他的目标完全平行吗？不是的，在不影响挥杆的情况下，是可以有轻微变化的，但是要记住，在挥杆的过程中，下半身的偏离会对上半身产生显著影响。不管是身体左对齐或是右对齐，还是平行于目标，都要不断地调

图 1.20　肩膀、臀部、膝盖和脚与目标平行

节自己身体的摇摆，产生一个连贯动作。如果球没有向着目标飞行，就一定是身体与杆的组合出现了错误。一定要记住，挥杆由内到外都决定着能否让球到达目标，你需要不断地练习并且掌握正确的方法，通过改变握杆或者姿势而不是改变目标方向来调节球的飞行路线。

◎准备姿势

准备姿势有五个影响因素：脚的位置、球的位置、身体的姿势、肌肉的准备、力量的分布。正如前文所述，这个准备对于球的运行方向和距离来说尤为重要，比如说球的位置可以影响击球的角度，从而影响球的轨迹。

◎球的位置——前或后

球的位置似乎不那么重要，因为它的位置总是处于球员的两脚之间的前方。即使每次球的位置不一样，许多球员也能击出很好的球，但是对于每一次球位置的改变球员都必须做出补偿动作，以到达正确的击球点，这个过程会导致击球力量损失。很多研究表明，击球时击球点如果在球前 10 cm 的位置，就会击出地滚球；如果在球前 6 cm 的位置，它的飞行方向就会发生改变。所以球的放置位置决定着能否打出好球。

那么如何选择球的位置呢？其实没有一个完美的位置，球正确的位置应该在下杆的最低点。有一个比较科学的说法是，这个点应该更靠近于前侧脚（指位于击球方向前侧的脚，下同）而不是后侧脚（指位于击球方向后侧的脚，下同）（图 1.21）。影响球放置的因素还包括挥杆时球员的重心转移，身体灵活性、平衡性，体格，挥杆类型等方面（图 1.22）。

关于球位的放置有两个方法：一个是固定球的位置，球杆越长，后侧脚往后移动得越多，以保持挥杆中前侧脚的稳定与平衡，同时也会移动球员的挥杆中心和身体的重心，使它更远离前脚。杆越长，击球角度越平；相反，杆越短，击球角度越陡峭，短杆相对于长杆而言，更容易控制距离和方向（图 1.23）。另一个方法适用于所有球位，用一号木开球，把球放在与前侧脚后跟对齐的位置，长铁杆开球把球放在与前侧脚后跟距离两英寸对齐的位置，短铁杆开球把球放在与前侧脚后跟距离四英寸对齐的位置。几乎所有的顶级教练都没有在"哪一种球位的放置方法是最好的"这个问题上达成共识，最重要的是记住球员使用的是哪种方法。球的位置是打高尔夫球的关键因素，球员应该确立球的最佳位置并精确地测量，并在每次练习时进行检查。

图 1.21　将球保持同一位置有利于提高击球的稳定性

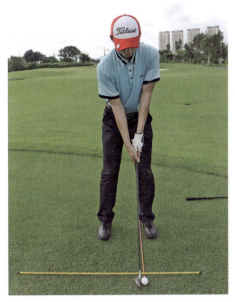

图 1.22 尝试提高不同球位击球的稳定性

图 1.23 使用越短的球杆，球位越靠近后侧脚

◎球的位置——远或近

一旦确定了球的位置，下一步就是确定球员与球之间的距离。这个距离取决于这些因素：身体结构、姿势、球杆长度以及挥杆方式。一个高而瘦的球员应该比一个更加壮实的球员站得近一些，因为他的手臂需要更多的空间去挥杆；挥杆的技术同样影响着球的位置。举个例子，一个球员经常用手臂发力挥动球杆，他就要把球放置到离身体更远的地方，以避免下杆时先击中地面后击中球。但是，通过改变球员与球之间的距离来击球可能会导致挥杆问题。比如说挥杆路径的改变。球员击球主要运用肌肉的力量，如果球更靠近身体，他将很难有空间扭转身体以释放球杆击球以及进行充分的送杆和收杆。寻找一个合适的球员与球的距离有利于挥杆，球员在挥杆的时候也能保持身体的平衡。

下面介绍的这种方法能让球员更好地达到目标：首先站直，手臂直接伸到身体前面握住球杆，一定要把手臂放到胸前，感觉到轻微的压力；然后球员弯下腰，让杆头接触地面，重心保持在两只脚中间，球员下蹲，直到杆头完全触碰到地面，这个时候，手臂应该与肩膀垂直，两脚距离与肩同宽，眼睛与手脚成一条直线，背部挺直，球员不会感觉到身体紧绷。通常上杆的角度大约是球杆与脊椎形成90°，因为这时球杆在击球瞬间速度最快。理想情况下，球员可以维持身体的平衡（图1.24—图1.26）。

图 1.24　确立握杆位置

图 1.25　确立杆面对齐和球与身体的距离位置

图 1.26　确立平衡位置

◎姿势、平衡以及准备

　　紧张会影响高尔夫球员的挥杆状态，从而降低球员击球的成功率。一些研究高尔夫技术的著作曾提到：球员应该在一种适当的放松方式中保持一组肌肉放松，而另一组肌肉处于收缩状态。所以，张弛有度是描述球员正确姿势的词语。教练或者教师可以示范正确的准备姿势来引导学生，这个准备姿势的要点是下巴和肩膀都可以自由地转动，背部自然挺直，手臂伸直并可灵活摆动，握住球杆但并不过度紧握，双腿站稳并且准备好移动，下半身为挥杆的移动做好支撑，上半身足够放松，可以自由地摆动（图 1.27）。高尔夫运动并不像其他的运动，它只要站在原地就可以完成整个动作，同时它需要精准度。

◎重量分布

　　当提到站姿准备以及挥杆的重心转移时，我们会谈到球员脚上重力的分布，这个重力分布能够在挥杆时维持平衡，需要考虑到前后的平衡（脚尖脚跟的平衡），以及左右的平衡（前后脚的平衡）。在挥杆过程中，重心应该更靠近球。上杆过程中，重心移到后侧脚；下杆过程中，重心移到前侧脚。即使是使用短杆时，虽然球离球员更近，但是重心在挥杆过程中也要改变。

　　上面这些结论并不适用于每一个案例，如一些球员使用手部力量击球，那么他们的重心始终在前侧脚上。大多数球员都是利用全身肌肉以及重心转移来挥杆。但是对于那些从小就接受正规高尔夫专业教育的人来说还有另一种方法：身体向前倾，臀部定会向后倾，以维持平衡。女性较少选择这种做法，但它的确对重心的稳定很有帮助（图1.28，图1.29）。

◎ 前侧脚与后侧脚的平衡

有几个不同的因素影响前侧脚与后侧脚的平衡。现代高尔夫教练发现有很多方法可以建立这种平衡。我们经常在高尔夫比赛中看到不同球员重心和前后脚的平衡在不同的位置，出现这种情况的原因跟球员的身体素质、运动能力，甚至设备都有关系。所以根据球员的动作及时制定一个学习目标非常重要。在教学的过程中，针对球员的各种信息应该进行讨论并研究。

现在我们将讨论一些常见的关乎平衡的规律，它适用于球杆的选择以及击球。一般对于球员来说，用大角度的杆击球时（短杆和一些困难的击球），重心偏向前侧脚；当用小角度的杆击球时（一号木和长铁杆），重心偏向后侧脚。

球员站位的宽度同样会影响重心的位置。当双脚离得很近时（短铁杆），重心很容易转移到前侧脚，所以一定不能站得太近，站得太近的时候随着下杆力量的增大，球员的身体很容易不稳（图1.30）；对于长杆来说（特别是一号木），球员应该使双脚的站位更宽来保持整个过程的平衡，但是也不能太宽，太宽的时候球员的重心将会降低，下半身和肩部的旋转会受到限制，重心也不容易转移。所以，双脚的宽度非常重要，它是维持身体平衡的关键（图1.31）。要记住，站位的宽度会影响球员挥杆以及力量的转移。

图 1.27　重心平衡

图 1.28　重心靠前

图 1.29　重心靠后

图 1.30 球杆越长，站位宽度越宽，这样更容易保持平衡，击出更加远的球

图 1.31 短的击球，需确立一个有利于控制方向和距离的位置

第四节 挥杆中的原理——上杆

◎挥杆的不同阶段

　　在学习了前 3 个挥杆前的原理之后，接下来我们开始学习后面的 11 个原理。为了建立一个更好的学习基础，这一部分内容通常会作为一个整体来学习。我们将会讨论这 11 个挥杆原理如何影响上杆和下杆，以及哪些会影响距离和方向。

　　挥杆的时候，你会发现调节一或两个部分就会对其他的部分产生影响。在高尔夫的教学中，理解这些部分的改变，会使你找到正确教导学生的方法。你需要了解不同的部分会产生怎样的效果，这就是为什么需要学生与老师共同学习。了解学生的规划和最终学习目标，帮助学生不断进步，避免学生产生困惑或者感到学习内容过于复杂。学生与老师应该共同研究最适合学生的动作是什么，通过了解学生的个人习惯，透析每个动作，清楚了解影响它的因素是什么，制定目标去完善它。学生应该不断练习，使这些动作形成肌肉记忆，让所有的动作都自然地发生。自然而完整的动作看似很简单，但其实是精心组织并且努力练习才形成的。在练习挥杆动作的过程中，如果你要改变原来的击球方式，就要经历很多的不适应，第一步就是要适应你的击球感觉，只要你意识到正确永远比舒适感重要，你就有机会挖掘自己的潜能。

在寻找最有效的方法时，方法本身简单或复杂并不是调整动作的决定因素，有一些动作机械并有效，但是对于学生来说，练习很多次可能还不能完全做出来。因为这些动作的基础建立在学生的体能上，所以练成这些动作有三个原则：①教练必须坚持下去。②学生可以不断失败。③学生要不断提升身体素质来练就各项动作，学生可以根据自身的身体素质选择不一样的挥杆方式。

我们将在上杆的原理中讨论挥杆中心动态平衡、挥杆平面、挥杆长度、杠杆系统以及协调。通过学习这些原理我们可知道哪些因素会让球员打得更好，我们要讨论与标准动作有小小偏差会带来什么样的影响，同样，我们还需要讨论各因素之间怎样组合对球员更有效果。

◎ 挥杆中心

当谈及挥杆中心时，我们总是想到脊椎最上方的点（图1.32），可以称之为原点。简单来说，它是摆动手臂的中心，虽然说挥杆的弧线是个椭圆形，但它通常被当作一个圆形来分析。所以挥杆的中心就是圆的中心。准确来说，挥杆的中心是身体后部的脊椎顶部与身体前部的胸部之间的一个点，但它不是固定的，而是可移动的点。

短杆击球时，挥杆中心基本不会移动。长杆击球，比如说一号木，挥杆中心会在上杆的过程中有明显的移动（图1.33），在下杆的过程中又回到了原点附近的位置。挥杆中心

图1.32　确立挥杆中心

图1.33　上杆时挥杆中心向右移动，下杆时它必须回来才会有好的结果

会在一个区间移动，有可能更靠近目标，有可能更远离目标，有可能在目标的上面，也有可能在目标的下面。无论挥杆中心怎么移动，挥杆时它必须回到正确的位置上才能有好的结果。

球员挥杆的中心是建立在姿势站位上的。球员在挥杆过程中如果因为姿势的改变而改变挥杆中心，那么很有可能达不到理想的结果。挥杆中心对球飞行的距离与方向有重大的影响。

◎动态平衡

动态平衡指的是在挥杆过程中控制重心的转移并保持身体平衡。高尔夫挥杆中起杆非常重要。球员用惯用手拿一个球，他准备把这个球从比较顺手的侧面投出去，会先向后抬起手，他的身体就会向后侧脚方向转动，这个时候大部分的重量会被转移到后侧脚，紧接着他会将重心转移到前侧脚，身体旋转带动手臂把球投出去，这时球会获得一个比较高的初始速度。

要记住，对于所有的击球或者扔球动作来说，将重心从后侧脚转移到前侧脚时，释放的能量最大（图1.34）。高尔夫挥杆就是一种击打动作，非常适用这个原理。然而，许多球员没有足够重视这个原理，他们忽略了重心的转移，只是在击球的时候盲目地挥动手臂，这样往往击不中球。正确的能量传递是通过重心的转移，这样才能使挥杆更加轻松。所以，第一步应该学会的就是控制身体平衡。如果没有学会控制身体平衡，任何其他的学习就都是没有意义的。

综上所述，在高尔夫的挥杆中，脚在维持身体平衡中有三个功能，它为身体旋转和手臂摆动提供了稳固的下半身，同时它还为运动提供了能量，最后它让身体和球杆都处于正确的位置，从而将适当的力量和方向施加到高尔夫球上。

动态平衡对实现正确有效地挥杆是非常重要的，为了更好理解此原理，接下来我们会把动态平衡原理分为上杆和下杆两部分来讨论。优秀的球员都会有夯实的高尔夫基础，而

图1.34 高尔夫挥杆动作类似于投掷动作，都有一个运动轨迹和释放，重心移动远离目标然后回到目标

且他们的技术在很长的时间内不会下滑。为了激发自身潜能，每个人都要理解、掌握并不断练习基本动作。在体育运动中如铅球、拳击以及高尔夫，在重心转移到后面时，优秀的球员会呈现出这个特点：后侧脚膝盖总是弯曲的，而且不会向外张开（图1.35）。任何违反这个特点的人，都会损失部分力量，或者是身体失去控制，或两者都有。记住，膝盖弯曲程度取决于球员对自己身体的控制力。

　　球员在上杆时，上半身总是以后侧脚为支撑点在旋转，所以，上杆过程中，后侧脚对于维持整个身体的动态平衡十分重要。臀部也是以后侧脚为支撑点旋转，这些动作的完成都建立在球员正确地把重心从前侧脚转移到后侧脚之上，以及臀部在下杆旋转过程中维持的平衡；另一个重要的动态平衡是，上半身以及上杆最高点时的平衡，上半身应该是直的。一个常见的错误是，让头抬得太高，下半身因为旋转而远离球，但是上半身仍然在原来的位置，这就造成了上半身的倾斜（图1.36）。

图1.35　上杆时重心过度转移到后侧脚的外侧将会给下杆击球带来很多问题　　图1.36　重心逆转

◎挥杆平面

　　挥杆平面是高尔夫挥杆技术重点学习的内容，可以定义为倾斜的角度和挥过的轨迹，它是由轴构成的。挥杆平面是相对于球和地面来说的，最常见的一幅关于挥杆平面的图片是杆面和杆身形成的夹角的图（图1.37）。

　　挥杆平面给起杆提供了一个目标点，每一个球员最有效的起杆最高点都不一样，球员可以根据自身的身体状况、力量、协调性以及起杆的方式选择最有效的最高点，这样挥杆就会更加稳定。有一些起杆动作需要避免（图1.38），因为球员的目标是让杆头回到高尔夫球的位置，并且让球准确朝着目标飞行。

图1.37　理想的杆身平面应该处在黄线和红线的中间区域

图1.38　杆身平面对于半挥杆是一个很好的参考点。在半挥杆时平面偏离太多的球员可能很难在下杆时让球杆进入很好的释放击球位置

图1.39　上杆时手臂能够伸直延展开将有利于下杆击球

◎ 弧的宽度

弧的宽度是指球员的手离挥杆中心的距离（图1.39）。它主要影响的是球飞行的距离。在一个圆中，一个物体越靠近中心，它获得的速度越小；而弧的宽度越大，获得的速度越大。

弧的宽度对挥杆来说非常重要，它能让球杆处在正确的位置上，为下杆做准备。上杆的宽度决定了下杆的宽度，如果球员上杆时宽度不足（图1.40），下杆的时候通常需要做出补偿动作以增加宽度。

但通常这些补偿动作会导致能量的损失，导致球员发挥不稳定。

◎上杆幅度

上杆的幅度与弧的宽度不同，它决定的是在上杆过程中杆头移动的距离。杆头移动的距离越大，在击球瞬间，杆头速度越大，球就会飞行得越远。这就是为什么使用短杆击球时，上杆幅度减少，球打得更近；而用长杆击球时，上杆幅度增加，球打得更远。最理想的上杆到顶点时球杆与地面不超过5°。如果上更高的杆，就很容易改变方向。通常来说，上杆太高会导致前臂弯曲，握杆松弛，或者身体与手臂不协调（图1.41）。许多球员身体没有足够的灵活性，为了达到期望的距离，通过手臂的抬和举来上更多的杆，导致背部和身体的肌肉没有得到充分的利用，他们总是尝试从手、手臂、肩膀上得到力量，这会导致击球的距离出现太长或者太短的不稳定状况，这些我们将会在下一节中讨论到。

◎顶点位置

顶点位置指的是手臂与手腕位置的关系。我们需要知道三个概念：平手腕、凹手腕、凸手腕（图1.42、图1.43、图1.44）。这三种手腕每一种都曾经出现在顶级选手的身上，虽然从影响方向的结果中可以看到哪一种手腕的位置最好，但只要它能够适应球员的姿势并让球杆以最有效的方式回到原点来产生一个直的与杆面中心接触的击球，那么这个位置就可以采用。最常

图1.40 上杆手臂弯曲没有延展，下杆就需要用补偿动作来弥补

图1.41 只有在动作完全正确的情况下增加上杆幅度才能增加距离，增加上杆幅度会降低击球的稳定性，很容易导致方向与距离出现问题

图1.42 平手腕（方正）击球时杆面方正

图1.43 凹手腕（内翻腕）击球时杆面开放

图1.44 凸手腕（外翻腕）击球时杆面闭合

见的姿势是，在起杆到最高点的时候，手腕与球杆总是处于同一直线上，这是最简单的位置。但是对于另一些球员来说，平手腕并不能让他们很好地挥杆，所以，这并不是他们最好地位置。

◎杠杆系统

人体可看作一台非常复杂的机器，当进行高尔夫挥杆时,它可以被理解为一系列用来完成功能的杠杆。当躯干的旋转加速、重心转移，手臂向目标摆动时，产生离心力将球杆向外甩动，由此产生的联动系统效应将使杠杆力量倍增。对于整个杠杆系统，我们只考虑在挥杆过程中由主导臂和球杆形成的杠杆。

球员站位时建立了一个单杠杆系统，挥杆时前臂和球杆沿着轴（也就是肩膀的位置向下）转动，不需要任何的手腕动作，它会产生一个单杠杆的冲击力。这个冲击力是非常稳定的，虽然球会损失一部分的飞行距离，但是在比赛中单杠杆击球是最有效的。

杠杆系统主要影响球飞行的距离。在下挥杆过程中只需将手腕翘起或铰链起来，使球杆与前臂形成90°，球员就可以通过创造第二杠杆来大大增加击球的力量（图1.45）。一般来说，增加杠杆的长度，有助于增加球的飞行距离，但是也可能会因为节奏和一致性的问题导致稳定性较差。

◎连接

连接指的是挥杆过程中身体各个部位之间相互配合的铰链效应。它主要影响高尔夫球飞行的距离与方向。

从站位开始，球员如果离球太远，就不能很好地建立连接。如果手臂发力，就会打破这个连接。另一种下杆过程中经常出现的错误是：当身体停止转动，球杆不能够经过手臂，导致下挥杆速度下降或没办法击中杆面的中心。连接描述的是挥杆过程中发生以及将要发生的事情，如果将画面定格来看球员的动作，大部分球员都能明白。当我们讨论身体与手臂的关系时，连接给了一个比较明确的目标，我们用以下理论来帮助球员形成一个清楚的概念。

图 1.45　第二杠杆将增加下杆时传递给球的力量

　　手臂和肩膀在起杆和下杆的过程中形成三角形（图 1.46）。为了保持连接，在整个挥杆过程中，需要维持这个动作，维持这种关系。我们也会看到，在保持连接完好的同时，身体也必须像手和手臂一样释放。

　　许多我们在起杆中讨论过的因素，同样会在下一章下杆的原理部分提及。高尔夫挥杆是一个整体的运动，在教学的过程中也一样，在学习基础理论的时候，你可以把它分为很多个部分进行分析和讲解。在学习还有教导的过程中，一定要明确目标，用最有效的方法去理解以及掌握知识，要明白每一个因素是怎样影响挥杆的结果的。

图 1.46　上杆时保持连接可以使球员下杆时充满力量

第五节　挥杆中的原理——下杆

◎下杆的介绍

　　在专业比赛中，从起杆到挥杆的平均时间大约是下杆的 3 倍。众多挥杆研究显示：挥杆时间持续 0.93~1.2 秒，其中起杆时间占 3/4，下杆时间占 1/4。这表明，无论挥杆的速

图 1.47　没有做出正确的释放击球动作会很大程度上影响击球的质量

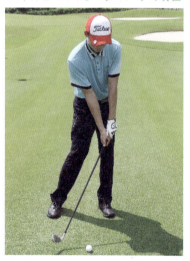

图 1.48　形成好的击球姿势需要高质量的理论和实践

图 1.49　集中精力进行大量的训练

度怎样，球员一旦上杆到最高点，就没有太多的时间来修正下杆的路线。不管是作为球员还是作为教练，都需要知道影响下杆的因素，这样才可以尽量减少错误，同时减少补偿动作。还要知道，球员做出补偿时都运用到了哪些影响挥杆稳定性和重复性的动作（图1.47）。

在本书中，我们将会讨论 14 种影响下杆的因素。你会发现，有一些因素在上杆时就已出现，现在我们需要详细说明它们是怎样影响下杆的。我们将提及 11 个影响上杆的因素中的 10 个，然后介绍它们的重要性，这些因素包括：动态平衡、弧长弧宽、挥杆中心、挥杆平面、杠杆系统、连接、释放以及击球等（图1.48）。当你在教学或者学习更高级的高尔夫知识时，这些都会为你提供基础，帮助你识别挥杆的错误（图1.49）。

◎ 动态平衡

在前面我们已经定义过动态平衡：将重心从一只脚转移到另一只脚，并保持身体平衡。在下杆的这部分中，我们将会讨论，怎样把重心从后脚转移到前脚。当上杆到最高点时，杆面处于开放位置，下杆时，球员从左侧击球，通过拉直左腿，使身体向前运动，并让球杆向前运动。从而使球杆顺利击球，直至杆面关闭。随着球员头部的向下移动，球杆经过脚尖并产生一个敲击。现在球员在比赛上一般会让左膝盖弯曲以保持弹性来创造一个更接近杆面的位置。这个动作能够明显地缩短球员挥杆时球杆需要经过的路径，但是许多球员没有足够的力量和灵活性来完成正确的动作，导致挥杆的路线发生改变。所以，了解每一个动作的影响是非常重要的。

大腿在维持整个动态平衡中非常重要，虽然在挥杆过程中大腿只产生 20%～30% 的力量，但是向前挥杆时大腿还提供了很大的身体的支撑力量，稳固了下半身，从而使球杆在击球瞬间更有力量（图 1.50）。

与棒球以及其他的球类投掷运动相似，在投掷球的过程中，手并不是独立向前移动的，而是随着身体运动，把身体的运动转化成力量（图 1.51）。在高尔夫中也是这样，当手臂经过身体时，会继续把身体朝着目标方向拉，总而言之，手的动作和身体其他部位的动作应该是同一个整体运动。

图 1.50　没有做出正确的释放击球动作会很大程度上影响击球的质量

图 1.51　形成好的击球姿势需要高质量的理论和实践

动态平衡是可以通过学习来掌握的。球员可以用球杆来练习重心怎么从前侧脚转移到后侧脚，然后再转移到前侧脚，在这两个方向的重心转移中，更重要的是将后侧脚的重心转移到前侧脚。在这一个过程中，前侧脚脚跟被固定，会使重心更容易移向前侧脚。球杆向着目标的旋转以及手部的准备动作都会影响击球。在这个方向上的重心转移，基础是脚步的动作。记住，动态平衡对球飞行的距离和方向都有一定的影响。

◎挥杆中心

在前面一章中提到，挥杆中心是手臂摆动过程中的摇摆中心，它位于脊椎最高点附近，在身体旋转时，它对球飞行的距离和方向都有影响，甚至它会直接决定是否能够击中球。

球员在上杆和下杆的过程中，会努力保持动态平衡，这一点在前面已经讲过了。在使用短杆时，双脚站得窄一些，球员可以更好地控制并使挥杆中心改变得更少；在使用长杆时，要更加努力去维持一个完整的起杆，使挥杆中心有一个更明显的移动。一个球员动作做得越好，你会发现，他的挥杆中心移动得越多。

在挥杆过程中，我们会关注挥杆中心移动的六个方向。它不仅指左边和右边，还包括上边、下边、前面、后面，这六个方向是相对于球来说的。稳定的挥杆中心不仅有横向的运动，它还包括动作的改变以及倾斜的运动。横向的运动是依靠球员的力量产生的，但纵向的、倾斜的运动是通过球员运动过程中身体的协调产生的，这里的运动方向是相对于球员面朝的方向来说的（图1.52—图1.54）。

图 1.52　挥杆中心可以向目标移动　　图 1.53　挥杆中心下沉　　图 1.54　挥杆中心远离目标线。这些动作对挥杆都没有影响，但对这些运动的补偿会导致击球方向和速度不一致

◎弧的长度

许多高尔夫球教练都会把上杆以及下杆之间的距离当作弧的长度，它主要影响的是球的飞行距离。通常来说，球杆移动的距离越远，那么它的速度就越大，就会给球更多的能量。但是这个定律仅适用于正确增加球杆移动距离的前提下，任何上杆时错误地增加距离都会让下杆出现问题。

挥杆中心在横向或者纵向移动更多，都可能导致球员因为不能让挥杆中心回到原位而击不中球。其中一个最常见的问题是：手肘弯曲，使球杆移动距离更远。为了正确地下杆，左手一定要伸直，如果继续保持弯的肘部，就要采用补偿动作让挥杆中心回到适当的位置（图1.55）。

另一个形成不自然的上杆太多的原因是：握杆太过松懈。这会影响到球员上杆和下杆时对球杆的控制，允许手臂挥杆过程中离身体躯干太远就会导致球员因为杆起的太高而失去对杆的控制。一旦在上杆时失去对杆的控制，那么，在下杆时就不可能回到原点。但如果上杆幅度不够，也会出现不同的问题，球员通常需要从手臂和肩膀上获得额外的力量，这就很容易在释放球杆的时候出现问题，肩背部肌肉紧绷会导致球杆和原来的目标线不一样（图1.56）。其结果是，过早击球或者重心没有转移，或者球杆没有获得一个好的初速度。

图 1.55　弯曲的手肘导致击球稳性定性变差

图 1.56　短的上杆导致下杆顺序出现问题，导致球杆和原来的目标线不一样

◎弧的宽度

弧的宽度指的是杆头到挥杆中心的距离，它对杆头的速度有着重要的影响。在不变的力的作用下，物体做圆周运动时，越靠近中心点的速度越小。如果圆的半径减小，那么速度就会减小（图1.57）。当球员前臂完全伸展，让球杆进行离心运动时，并不需要过多动用到手部以及肩膀的肌肉，就可以让球杆获得一个速度。当手部和肩膀肌肉过度紧缩时，杆头速度反而会下降，所以弧的宽度对挥杆速度是很重要的，同时它对挥杆中心的移动来说也是很重要的。球员减少了弧的宽度，就可以降低挥杆中心，

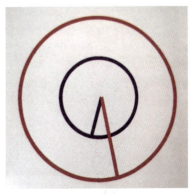

图 1.57　如果两个雷达以相同的速度在中心移动，那么长半径末端的速度将比短半径末端的速度大得多，在同一时间内，它将移动更多的距离

图 1.58　补偿动作应该发生在击球前，但是这会破坏连贯性

图 1.59　球杆应该从目标线内侧接近球

图 1.60　但不能在目标线内太远的地方

使杆头更容易接触到球。但因此做出的补偿动作会更加复杂，这可能导致杆头划过弧的最后一秒击不中球（图 1.58）。

◎挥杆平面

前一节讨论过挥杆平面，并且简短地概括了下杆。通过图像分析以及设置目标线路，让球杆在上杆和下杆的过程中按照目标线路摆动。这条虚拟的线路，为球杆提供了方向，但由于球杆在运动过程中没有实质性的固定方向，因此球员还是会出现错误（图 1.59、图 1.60）。

需要记住的是，挥杆平面是球指向球员方向倾斜的，杆头一定要按照目标线路去靠近球。随着科技的发展，现在已经有分析高尔夫挥杆的高速视频，球杆的位置成为教师或者教练们分析的重点（图 1.61）。明确球杆应该在什么位置非常重要，但是一个优秀的教练还应该知道怎样让球员在全力挥杆的过程中不损失速度并保持身体控制或者节奏。球员花时间研究挥杆中各种因素在什么地方发挥怎样的作用并理解其中的原理，是除了通过专人指导挥杆动作外最有效的方法。

从身体摆动和杆面位置分析出来的平面仅仅是为杆头提供参考路线。球员和教练都应该根据个人特点来寻找更有效的方法。

在下杆过程中需要注意当前臂平行于地面的时候（图 1.62）。最好的办法是把一个摄像机放在球员的后面，用来拍摄并分析球员的动作。画一条线，延长杆到地面，与地面相交的点，如果相交的点在球位的外面，那么挥杆平面偏平（图 1.63）；如果延长线与地面相交的点，在双脚的内侧，那么挥杆平面偏陡。比较科学合理的挥杆平面应该是与地面相交的点处在球位与双脚之间的中间区域。

图1.61 沿着合理的轨迹下杆会有更大机会打出好球

图1.62 闭合足够的平面来产生高质量的击球动作

图1.63 离球太近，离内侧太远

接下来利用摄像机分析，当球杆下降到地面时，杆是否在刚才的延长线上，杆头是否也在这条线上。通过分析，球员可以在一定程度上调整挥杆平面，但一旦做出了补偿动作，球员就可能击不中球。利用摄像机分析非常有效，但并不是在每个教学过程中都会有一台摄像机，而使用照相机俯视拍摄来代替摄像机是非常困难的。

刚才讨论了挥杆平面以及平面上杆头的路线方向，现在将研究水平面与垂直面的影响。举两个例子，本·霍根（美国著名高尔夫球员）擅长水平面击球，而杰克·尼克劳斯（美国著名高尔夫球员，有"球王"之称）擅长垂直面击球，每个球员都有自己的特点，并根据自身特点选择不同的面击球。球员可以选择水平的，也可以选择垂直的，还可以选择两者之间的面击球，只要整个动作协调即可（图1.64）。

当球员挥杆，杆偏离了目标线路时，他就需要做出补偿动作来让杆重新回到原来的位置，这会影响球员是否能够击中球。扁平的挥杆平面更适用于用身体挥杆的球员。在整个挥杆过程中，球员需要保持整个身体的协调性，而用手臂挥杆的球员则不需要。保持身体的连接会让挥杆更加轻松，扁平的平面会使球飞得更低，垂直的平面会使球飞得更高。球员的个人情况通常会对挥杆有着重要的影响，他选择的挥杆平面意义重大。

图1.64 当球员开始下杆时，挥杆动作稍微变平

前面提到的球员两种手腕的位置有着显著的不同，球员可以在平手腕的模式下选择较为扁平的挥杆平面，这样会使起杆时杆面上得更多。除了在方向上有优势之外，扁平的挥杆平面在挥杆过程中也有优势，更有助于球员力量的传递，在平面上产生最有力的击球，并在合适的时间点提供动力。扁平的挥杆平面对于大部分球员都是有利的，无论是用手臂还是用身体击球的球员。

◎杠杆系统

前面提到人的身体可看作一台非常复杂的机器，在挥杆时，就像一系列的杠杆一样。在讨论起杆的动作时，起杆与下杆的速度决定球员能否有效地挥杆。身体所产生的作用力必须在下杆到某一个点时释放（图1.65），或者球员只使用一种杠杆力量击球，但是使用越少的杠杆去制造力量，那么击球瞬间，球的初速度会越少。如果上杆和下杆的节奏不对（图1.66），就经常会让球员击出短曲球。阿拉斯泰尔·科克伦和约翰·斯托布斯在他们备受赞誉的《完美挥杆》一书中指出：想要在释放手腕的同时释放力量，最好的办法就是在重心转移和离心力的作用下自然发生。在接下来的两个部分中，将会重点讨论顺序与连接。

图1.65 适当的释放会给高尔夫球增加力量

图1.66 过早的释放很容易击到球的后面

◎顺序

释放顺序是身体和球杆组合的运动节奏，它能够产生一个有效的挥杆。一旦掌握了正确的节奏，在每次挥杆时总会产生类似的结果。上杆可以遵循不同的节奏，而下杆时球员一定要按照腿、臀、肩膀、手臂、手这样的顺序去挥杆才能产生较大的击球力量。当下杆顺序正确时，球飞行的距离和方向都会达到最好的效果。举个例子，多米诺骨牌可以按照任何顺序来排列，但如果想要击倒它们全部，只需要击倒第一个，第一个被撞倒的方向必须是正确的方向，然后后面的都会被击倒。球员可能会感觉所有动作都是在同一时间发生的，但其实正确的动作发生的顺序是从重心转移开始的（图1.67）；然后是臀部和躯干的转动，当某一部分投入运动时，它就会对下一部分进行拉伸，直到下一部分也开始运动；然后肩膀就会被带动，手臂紧紧跟在后面；最后是手，随着每个部位的依次移动，逐步增加力量。

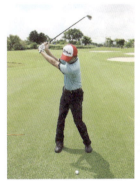

图1.67　研究表明，按特定的顺序将产生最有效的一致动作

当按照正确的顺序去运动，并且每个部分都增加适当的力量，就产生了最佳的挥杆。通过利用电脑3D技术捕捉动作的分析，正确的力量传递顺序应该是下半身、躯干、手臂、球杆。想要产生最大的力量，最初的力量应起源于最强壮的部分（下半身和躯干更靠近于身体的中心，手和球杆更远离身体的中心），只有按照有效的力量转移方法，才能获得更大的速度。当按照顺序开始运动时，每一个部分都会增加力量，任何顺序的变化都会导致能量的减少以及速度的降低。在过去的半个世纪里，通过不同的研究，科学证明：挥杆风格可以改变，但是挥杆顺序永远不会改变。

协调性、节奏、顺序这些术语经常会交替使用，但它们分别代表着不同的东西。协调性使不同的部位形成一个整体运动，好的协调性会使整个动作看起来流畅。节奏指的是运动的节奏，它可快可慢，也可以介于两者之间。顺序是指下杆时的顺序。节奏和协调性是因人而异的，但是顺序是固定的（图1.68）。

图 1.68　保持一致的节奏有助于让球员发挥他的潜力

◎释放

　　释放是教学过程中一个经常被提及的术语，我们可以把释放看成身体、手臂以及球杆的归位，因为最后的位置总是和开始的位置很接近（但并不是完全相同的）。释放指的是在起杆过程中杆头聚集了所有的能量，然后到达起杆顶点，紧接着，身体旋转，手臂和身体回到原来的位置，在这个归位的过程中释放能量。

　　高尔夫挥杆中，前臂的旋转一直是高尔夫技术领域争论最多的问题之一（图 1.69）。许多人会说，前臂旋转很少。他们认为，前臂只要保持着原来的位置，然后向后摆动，在这之后，向前摆动即可。举个例子，当一个人提着一袋面粉，然后把身体转过来，要扔它出去，尽管前臂在向后移动的时候，位置改变了，但在把面粉扔出去的过程中，手臂相对于躯干几

图 1.69　准备姿势时，两手臂处于一个平面且与目标线平行

乎保持在同一个位置，几乎没有任何前臂旋转的迹象。

也有人说，前臂的位置与目标线是一个直角，当前臂在起杆时到达一个点（这个点远离球），这个点在起杆最高点的一半（图1.70），前臂的角度会发生改变，臀部（最小程度上）与身体（更大的程度上）将会旋转并远离目标（图1.71）。身体、前臂和手将会在下杆时旋转，这就叫作力量的释放。

图1.70 横过前臂的线平行于地面，垂直于后半部分的目标线

图1.71 横过前臂的线平行于地面，垂直于目标线，直到结束击球

对于挥杆来说，不仅要知道这些动作，更重要的是，如何去实现它们。有些天赋好的人能够天衣无缝地做出这些动作，他们做出这些动作时是自然流畅的，而其他人必须刻意地去学习，无论是天生的动作还是经过学习的，最终球的飞行都由杆面决定。

释放时会出现这两种主要的错误：一种是开杆面，它发生在准备姿势时球员没有使杆面方正，或者在挥杆击球瞬间杆面开放；另一种是在击球之前，球员使用了手部的力量。对于许多球员来说，开杆面是很容易犯的错误。最好的释放是适当地使力量增加，但是许多球员会用一些不正确的补偿动作。比如说，强壮的球员会关闭杆面，或者改变挥杆的路径，这会使问题更糟。力量限制可能是由多种原因造成的，但对每个动作都有影响的是：在击球过程中，杆面处于开放位置（远离球员）。我们将会看到由三种不同的原因造成杆面开放，其中两种是由身体的不正确移动造成的。最常见的造成力量不能释放的原因是过度紧张导致手臂不能自然摆动，进而导致身体不能正确旋转；球员保持对杆的控制是正确的，但不能握杆太紧，因为握杆太紧会抑制球员对杆的释放（图1.72）；第三种原因是挥杆中心的移动，这时虽然力量得到了正确的释放，但是球有可能飞向错误的目标（图 1.73）。

臀部向上或者向下的动作会产生推力，如果这个动作在方向上出现偏差，就会导致击球角度发生偏离，从而产生一个短击球，或者手腕向外导致杆面的开放（图 1.74）。另一种错误主要是因为起杆的过程中手腕在击球之前朝后（图 1.75），结果失去了对球杆的控

图 1.72　阻碍产生的原因：球员的手臂和双手可能过于紧绷，没有在适当的时间点释放球杆

图 1.73　挥杆中心向球移动导致击球被限制

图 1.74　过早释放将使臀部向目标移动受到阻碍

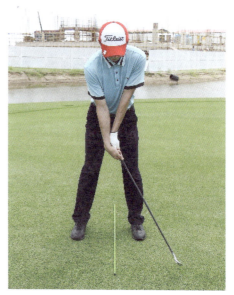
图 1.75　挥杆中心向球移动导致击球被限制

制。之前讨论过，在挥杆过程中身体的主要部分的运动速度应该慢下来，这样才能使完成挥杆动作的过程中不断叠加速度从而使杆头达到最高的速度。但如果速度减得太慢，就会导致杆头在下杆时太早经过手臂的位置，导致前臂手腕握不住杆，整个击球过程太快，球员容易过多依赖手部力量将球击到空中，而不是整个身体的协调发力，这时击球点处于球的下面。

◎连接

连接不是球员挥杆最主要的影响因素，它只是为了让球员更好地理解每一个动作是怎样产生的，一个部分的动作对另一个部分的动作有很重要的影响。职业球员在挥杆时身体的不同部位都有正确的运动顺序，运动顺序保证了起杆以及下杆时球员身体每个部位的连接。这些连接在一开始就已经建立（图1.76），而在挥杆的时候，每个部位都会有一些拉伸的动作（手臂以及身体其他部位）。这些部位的运动是独立的，但在外观上，它们被视为一个整体（图1.77、图1.78）。如果手臂从身体分离开来，就会改变运动顺序，这样正确的连接将不可能发生，从而对击球的距离和方向产生影响。

连接对于上杆和下杆同样重要。在上杆与下杆过渡时（转换），方向的改变在挥杆中是最重要的（图1.79）。球员身体的所有部位不能同时挥杆。当球员重心从后侧脚转移到前侧脚时，手臂、手以及杆头仍在完成起杆的动作。身体的不同部位是依靠拉伸来连接的，

图1.76　在准备位置形成初始连接

图1.77　在上杆顶点有好的连接

图1.78　上杆时失去连接会让球员在前挥杆时处于无效位置

图1.79　从上杆到下杆平稳过渡很重要

图1.80　以身体上半部分为主导，这部分独立运动，导致挥杆顺序颠倒

图1.81　试图让后臂带动后半部分导致球员被"卡住"

　　如果没有很好的连接，就会导致一个高质量的挥杆动作的毁灭（图1.80、图1.81）。

　　在整个挥杆过程中（上杆和下杆），连接不能停止。在前面提过，挥杆部位的顺序是：腿、臀部、躯干、肩膀、手臂和手。在挥杆过程中任何不恰当的发力都会导致连接失效，任何一个因素的改变都会影响其他因素，从而导致能量的损失。

◎冲击

在高尔夫挥杆过程中，击球常常被称为"最重要的瞬间"。生活是复杂的，虽然我们都希望得到简单的方法和简单的答案，但我们发现很少有什么东西是绝对最好的，同样的道理也适用于高尔夫挥杆。无论球员从哪里开始，无论他采用什么样的运动方式，目标都是通过尽可能少的补偿动作击中球的中心，从而使距离和方向在各个方面都达到最佳水平。然而，为了获得最大力量的击球，大多数人一直在追求完美的击球瞬间动作，比如前臂延伸、平的手腕（轻微的弓形或向下弯曲）、重心的转移、后手肘指向后面的口袋、前臂和杆成一条直线等（图1.82）。

一个球员如何获得好的击球位置？在一个正确的位置起杆后以一个适当的顺序向前运动到一个平衡的位置，这些动作的完成可以让球员把杆准确地放在他需要的地方。然而，不是所有的球员都能按照这个正确的模式挥杆。

许多球员所犯的严重的错误是，他们倾向于在击球时将前臂弯曲，而不是伸直。

有许多训练方式和训练辅助工具可以用来改变球员的坏习惯（图1.83）。无论球员的动作是纯粹的天赋还是学习的结果，最终的目标都是使球员正确地控制杆头，并且产生正确的路径（图1.84）。

◎收杆

挥杆的完成不是14个因素中的一个，因为它是在冲击球后发生的（图1.85），但是下杆的最后一部分需要平衡，所以它需要在总结中被提到。在冲击球之前，前臂经过了球并开始减速。双肩微微向目标张开，也开

图1.82　一个好的击球姿势对于球员来说可能是自然的，也可能需要练习，直到它成为一个动作的连贯部分

图1.83　练习一定要认真和专注

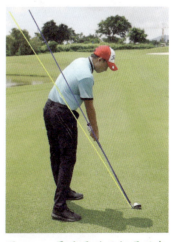

图1.84　最重要的目标是让杆面和轨迹都正确

始慢慢减速，这种减速是摆动从圈内部的动能转移到外部的结果。球杆被带进了击球区域，并向着目标，这时候手臂可以充分伸展。从这一点出发，没有过多的力量来阻止这一运动。就像当一辆汽车本应执行停车操作的时候，而挥杆被允许继续，直到能量耗尽。球员旋转他的臀部，以面对目标站立，他的重心平衡点在前脚跟外侧边缘。肩膀已经转向或超过了球，这取决于球员的灵活性，手臂处于放松的位置，手腕是关键枢纽，而球杆的手柄则在前臂前面（图 1.86）。

最后一个问题是，我该有一个漂亮的挥杆动作，还是一个看起来不太好但效果很好的挥杆？这两个概念几乎是并行不悖的。高尔夫挥杆中，通过遵循 5 个关于球的飞行的定律就能产生好的挥杆。尽管球不知道球员用的能量多少以及方向，但它会遵循物理原则，根据受力大小与方向去飞行。当补偿动作的数量减少到最小值时，对球转移的力量就会到达最大值。

图 1.85　收杆动作完成较差表明 14 个原则中的一个或多个出现了严重的故障

图 1.86　一个平衡的收杆并不代表完美的击球，但能够说明这 14 个原则掌握的熟练程度

第二章

短杆的力学原理

Champs only!

第一节　短杆的力学分析

◎短杆的介绍

通过研究高水平高尔夫职业赛事数据，高尔夫球员 60%~65% 的击球都是在距离果岭 100 码或者更靠近球洞的地方进行的。其中 25% 是一号木击球，15% 是其他的杆。短杆击球在 100 码内的大多数是推杆。随着球员得分能力的提高，短杆（特别是在比赛中）可以有效减少球场上的击球次数。

高尔夫基础课程涵盖了全挥杆的要素。本章将介绍短杆的机制。短杆是将球打进洞的关键杆，是比赛的得分部分。很多人为了提高高尔夫成绩，会将很多练习时间花在短杆上（图 2.1、图 2.2）。

图 2.1　优秀球员 43% 的击球来自推杆

图 2.2　美巡赛选手平均每轮失误 6 次以上

在高尔夫球比赛中，得分可以归结为几个简单的任务：把球从梯台打出去，让它足够靠近洞口，然后使用推杆，把球推进洞。

使用短杆击球时很容易判断球距离洞有多远，这就有利于在下一次击球时获得击球进洞的机会。下面图片中的数据是根据世界上最好的球员统计出来的（图 2.3），作为球员应诚实对待自己的成绩，当你发现你只能做到 6~8 英尺的推杆时，不要太灰心，你可以将任务先设定为找到一种方法在 2~3 英尺的范围内一击进洞。

我们将讨论推杆、切杆、挖起杆以及沙坑球的打法，使用的方法是冠军球员以及教练所采用的，并且被认为是最有效的击球方法。每一个人都是独特的个体，可能会在击球时有所不同，每一个人选择"感觉正确"的点可能基于不良的练习习惯，只是在过去的几次击球中偶然产生了良好的效果。

PGA 球员的推杆	
距离 / 英尺	进球率 /%
2	99
3	91
4	81
5	70
6	62
7	54
8	47
9	43
10 ~ 14	31
15 ~ 19	19
20 ~ 24	14
25 及以上	6

图 2.3　推杆距离与进洞率

　　任何动作偏离了"标准"（握杆、站姿、球的位置以及重心的位置），在挥杆过程中就必须使用补偿动作，这就增加了挥杆的复杂性，导致球员击中球的概率急剧下降。

　　当使用非传统的动作来打球时，球员需要意识到这种动作需要更多时间来练习，练习是没有捷径的。

第二节　推杆的基础

◎ 推杆的介绍

　　来自各个年龄层的高尔夫球手都有这样的理解，打球最重要的区域其实离洞口只有几码的区域。大约 43% 的好球源于推杆，这就是为什么优秀的球员总是在讨论以及研究推杆的原因。本·霍根建议，在球道和果岭上击球，应该分别记分。而在比赛中，放弃推杆意味着完全放弃比赛。擅长推杆的球员才会在球场上被视为有实力的对手，推杆对任何球员而言都十分重要。

控制球包括距离和方向，最有效的击球是当击球点在甜蜜点时，球在目标线上移动，移动的速度刚好能使球停在洞边或者进洞（图2.4）。推杆是高尔夫运动的一部分，球员运用推杆时，力量是一个相对不重要的因素，在球场上并不需要球员推出100多码的球。

对于大多数的球员来说，推杆会在离洞口2码外的地方开始变得有挑战性，而一块小地毯就可以练习推杆并迅速提高技术，这块小地毯会出现在室内或室外的练习场中。

在接下来的内容中，我们首先会把推杆分成几个部分来分析。其中包括握杆和姿势，我们还会介绍推杆的配件；然后会讨论一下击球的细节以及导致击球不能产生最佳结果的原因，还会用一部分的内容提到关于果岭的知识、短杆的规律以及节奏；最后通过不同的训练部分改进以上每一个元素，从而提高球员的推杆水平。

图2.4　稳定的推杆要求简单、有效地击球

图2.5　掌心握杆，从肘部到杆头保持直线

◎握杆、瞄准以及站位

就像挥杆动作从握杆以及站姿开始，推杆的动作也是这样。每次击球前都应该保持一样的动作（图2.5）。

◎握杆

双手一定要放得很近，球杆应该握在手心，手部关节与手应该成一直线，双手和手腕不应该出现多余的动作。球员使用的握杆类型应该是可以让手腕放松的。在美巡赛中最常见的握杆类型是反向重叠式（图 2.6），重叠指的是后面手的食指与前面手的小拇指重叠（也有可能是在无名指上）。有些球员多年来一直保持同样的握杆动作，但另外一些球员却经常在改变。最主要的目的是寻找合适舒服的动作，并且能让杆面在每次击球时都能回到球的位置。

图 2.6 反向重叠是一种常见握法，它使我们的双手作为一个整体协同工作

◎瞄准

和挥杆一样，在推杆时，身体应该与目标线保持平行，但它有一点不同：推杆是单杠杆运动，手臂和肩膀是同一个动作，这就减少了手在加入一起运动的过程中对方向与距离的改变。前面我们提到把重心降低来减少不必要的运动（图 2.7），由于下半身相对稳定，肩膀和手的动作是一致的。就像我们前面提到的眼睛应该在这条推击线的正上方，或者相对靠近身体内侧一点的位置（图 2.8），但一定要与推击线平行。头部向左或向右倾斜都可能会导致错误的视觉，前臂中间的一条线也应该与目标线平行。有一只手比另一只手高，肩膀也应

图 2.7 下半身稳定，手臂和肩膀摆动球杆

该与推击线平行。推杆不像挥杆那样要把肩膀充分转动到后面以获得更多的力量去击球，推杆的杆面应该笔直地对准（垂直）目标。从我们在基本原理那一章中关于杆面角度对球初始方向的影响的讨论来看，确保杆面瞄准了正确的点并返回到相同的位置是非常重要的。当击球的时候，球杆回到正确的位置，球的初始运动方向 83% 取决于击球时杆面的角度，

17% 取决于下杆的路线（轨迹）。

图 2.8　球员的肩膀与目标线平行，眼睛
应该在高尔夫球的正上方或稍靠内侧

图 2.9　肩部水平，肘部朝向口袋。前臂和
推杆形成一个"Y"形

◎站位

　　脚的位置为击球提供了一个基础，站的宽度稍微比肩膀宽一点，重心应该在两脚之间，或者稍微靠近前侧脚。球员在站立时双脚弯曲，但弯曲程度不用像挥杆那样大，球员应该保持一个比较竖直的站姿，臀部向下，下半身支撑整个动作，上半身（腰部以上）是完全放松的状态。球员应该从臀部向前倾斜，这样手就可以从肩膀自由下垂，手肘稍微向内弯曲与躯干连接在一起。双手放在肩膀的正下方，从正面看手臂与球杆应该形成一个"Y"字形（图 2.9）。

　　球员眼睛的位置应该在球的正上方或者靠近身体内侧，下巴应该稍微抬起，眼睛应该看着球，脊椎应该保持相对挺直。

　　球的位置是根据球员前后脚之间的重心决定的。在球员击球过程中，重心的位置通常确定了球员击球弧线最低点的位置。为了让推杆杆头以稍微向上的运动方式来击球，球应该被放置在这个弧线底部最低点前的 1~2 英寸处。

　　对于球员来说，保持一个稳定的位置是非常重要的。球员保持的这个位置应该可以让他在整个过程中保持平衡，一个好的平衡姿势可以看到臀部直接在脚跟上方（图 2.10）。如果臀部从脚跟后伸出（图 2.11），重心通常会移到球员的脚跟，那么球员就会更加远离球。

图 2.10　重心在脚跟　　　　　　　　图 2.11　重心在脚跟外

　　如果推杆太长会导致球员肘部过度折叠，站得离球太远，使前臂握杆受限，或者重心太多落在后脚跟，导致球员失去平衡；推杆太短会导致手臂伸展过多，球员站得太靠近球，或者重心在脚趾上，这样会让姿势过度倾斜，眼睛的垂直线将落在球的外侧。

◎ 推杆技术动作

　　推杆是一种有节奏的运动，它类似于一个钟摆。想要在推杆技术上优秀，就必须在下杆过程中保持力量一致，这种力量的一致是推杆的节奏创造的，这种节奏可以让球员每次都自由地挥杆。

　　球员的下半身应该非常稳定，下半身任何的横向或旋转运动都会导致球杆路线的改变（图2.12），而且很有可能使杆面的角度与目标不一致。

　　肩膀应该围绕着中心的脊柱旋转，在旋转过程中头保持不动，并且与开始的位置保持平行，手臂以及杆组成一个"Y"字形，作为一个单位在肩膀上来回运动。手腕所形成的角度

图 2.12　摆动时下半身运动会影响杆面对齐和路径

不能改变，这使得手腕与杆头保持同一弧度运动，手腕运动的弧线比杆头的弧线要短一些。

在推杆击球的过程中，应该保持一样的压力，球员需要意识到，上杆与下杆的连接是通过压力形成的，这样才不会因为节奏而失去控制。球员还需要意识到，任何加速和减速都会影响推杆结果的变化。

另一种推杆的方式是，在推杆的上杆和下杆过程中杆面保持固定的角度。当球员站在球的一侧时，推杆应该指向目标线。起杆过程中，杆头在目标线内移动，下杆过程中，它也沿着目标线，这时杆面应该垂直于挥杆的目标线。在比较快的果岭上，只需力度较小的推杆，推杆摇摆的幅度会很小，这时杆头运动的弧度大约只有平常的十分之一。当推杆距离变长时，上杆的弧线也会跟着变长。在整个击球过程中，杆面应该在目标线上运动，这种运动可以用短杆来完成，但可能出现击球点不在球的中心的情况。球员可以直着向后摆动推杆，而杆面始终垂直于目标线。

采用适合和正确的方法应该会得到理想的击球效果——杆面随着目标线移动，准确击中球的甜蜜点。

◎ 阅读果岭

能够与预想线路一样的击球，只是实现有效推杆的一部分。如果设定的预想路线本来就是错的，那么球员的整个推杆都是错的。我们经常可以看到在高尔夫比赛中球员推杆发生错误的情况，有一种情况是最常见的，就是球员在推杆时没有击中甜蜜点。

果岭分析最重要的是经验，从成千上万次推杆路线的分析中总结经验，无论路线距离是短还是长，果岭的坡度是陡峭还是平坦，果岭的草长还是短，都会让推杆不一样。球员的经验越足，分析就会越准确。要注意的是在果岭上推杆会受到重力及摩擦力的影响，重力会把球拉到小片区域的最低点，摩擦力会使它慢下来。根据自身经验，球员按照推杆的步骤来瞄准以及击球。一个有经验的决定会让球员更加自信，从而推杆做得更好。

果岭的坡度可能会很大或者很小，周围的地形和自然的光线可能会影响球员的视线。从两个或者三个角度去分析，会有助于减少错误的发生。对于分析果岭来说，三个最好的位置分别是球朝向洞的后面，在洞口比较低的位置的一侧看球，或者在球向着洞的延长线看球。建议球员从一个交点开始，把整片果岭从左边到右边分开来看。因为将整个区域整合到同一个整体分析时，就会有很多与结果不相关的部分出现，除非球员经验足够丰富。球员在经验足够丰富之前，应该分析每一次的推杆，即使是练习，这些经验都可以归档成为球员个人数据库的一部分。

虽然以下行为在比赛中是不被允许的，但是在练习的过程中，球员可以使用以下方法在练习中确定坡度：把水杯里的水倒进果岭，水总是往低处流的，这样就能判断果岭的高低。同样，可以用脚去感受平衡，当球员站在果岭上时，就能感受到果岭的坡度，有助于在推杆时作出正确决策。

果岭的许多条件因素都会影响球的滚动。草的种类，以及草皮的高度、密度和湿气都影响着球的速度。

在高尔夫球场，主要有三种草被用作草坪草：常青草、蓝草、百慕大草。常青草和蓝草是种植在凉爽的季节或北方的草。它们是细叶的草，茎较软，因此植株较软。百慕大草（种于温暖季节的草）有较厚的叶片和更强的硬度，增加了球的摩擦力，产生一个较慢的滚动速度。目前，已经开发出了一种可以和常青草产生几乎相同速度的百慕大草新品种。常青草是大多数高尔夫球场首选的草，高尔夫球场的位置和温度是使用草类型的决定性因素。草的其他因素也会影响果岭速度，更高、更密集、潮湿的草比更短、更薄、干燥的草，球速更慢。

颗粒是速度的另一个因素，但以今天的果岭速度，它比20世纪90年代初的影响要小，当时的平均果岭速度只有现在的60%~75%。果岭速度越慢，颗粒的影响越大。无论果岭的类型或条件如何，球员都需要与自身的击球保持一致的节奏，并在许多不同的条件下提升自身分析果岭的能力。把短杆换成长杆，会让球移动得更缓慢，当推杆速率慢下来，它会更容易受到重力的影响。如果有一个斜坡，在洞边推杆，推杆的路线将会被改变。球在上坡时会更快地减速，更容易受到地面坡度的影响；下坡时球速会减少更慢一些，而且会保持更长的滚动时间。

尽可能地了解你自己的击球习惯以及掌握球在不同条件下的滚动方式，练习到你有了一种感觉，而不是有意识的想法，然后充分利用这些信息提升球技。

◎击球流程

在高尔夫球场打刚开始的几个洞时，听到球员最多的声音是，在练习果岭上的速度与球场上的果岭速度不一样。众所周知，大多数的球场草坪养护人员都会想尽办法试图让球场内所有果岭保持在几乎相同的条件下，对它们的浇水和施肥是一样的。养护人员用同样的割草机剪草，所有的草坪养护操作流程保持一样，但是球员为什么会出现这样的感受呢？最大的原因是，球员在下场打球时由于紧张心理出现了问题。在下场前，球员在练习果岭上练习时，他们很放松，心情愉悦，不担心会错过推杆。可能会专注于其他事情，这时候几个推杆不进对他们来说并不重要。但是一旦他们上了球场，开始进入正式比赛，所有的这一切就都变了。

建立一个推杆程序（图2.13），将每一次的推杆失误减少到最小，并且让球员保持最轻松的心态，无论这个程序是怎样的形式，对提高球员的高尔夫成绩是非常重要的。以相同的方式进行果岭阅读，以相同的方式准备球，并使用相同的推杆习惯（例如，1或2次试推，保持相同的推杆节奏）。这些都能让球员进入一个非常舒适的状态，让他们在进行推杆时游刃有余。

图2.13　使用一致动作有助于缓解竞争压力，并使球员能够在一个舒适的状态下自由挥杆

◎巩固提高推杆技术

大多数高尔夫球手都喜欢到练习场去练习他们的挥杆动作，并相信每轮一到两次完美的挥杆可以节省多达6杆（2个三柏忌）。事实却是，学习更多的推杆会比打出几个漂亮的挥杆更有利于球员。面对目标反复练习推杆，形成一个良好的节奏并直线击球，将为球员提供更多的机会长期提高得分。练习推杆时，首先要花一些时间用来练习推杆的动作，这种练习最好在比较平的果岭面进行；其次为了消除短击的无聊，可以挖掘和运用多种训练方法，让球员在推杆游戏时集中注意力，为练习增添乐趣和提升效果。

接下来将针对推杆练习，列出几项训练方法。

◎视觉化球路练习（形象化、瞄准点、速度）

设置一个3~5码的推杆距离，在推杆路线上每隔一小段距离插一个mark，击球时让球沿着设定的路线滚动，直到进洞为止（图2.14）。

◎不同方向短距离精准练习（瞄准、方向、甜蜜点）

以某个洞为圆心，周围1码距离为半径，不同方向放置6~8个球，进行推杆练习，此练习可以设置达标级别（初级：一次性连续推进6个球，如果中间有一个不进则重新开始（图2.15）。

图 2.14

图 2.15

◎不同幅度摆动练习（节奏、距离）

把tee或者mark分开，把球放在中间的球座边上，在tee的内侧之间用相同的节奏摆动，先是摆向最近的tee，然后是中间的，最后是最远的（图2.16），这种练习可以使球员看到不同幅度的摆动对距离的反馈。

◎距离控制练习（距离）

在果岭上选择一片较平的区域，在一条线上用mark设置5个点，每个点之间相距3 ~ 5码，球员以第一个mark为起始点，依次推向第2、3、4、5个点，推出的球尽量击中mark或者以mark为圆心的半码或者一码范围内（图2.17）。

图 2.16

图 2.17

◎悬挂式瞄准练习（路径方向）

用一根细线绑住两根铁签，在果岭上选择一片较平坦区域把两个铁签插在地上（图2.18），把球置于线的正下方，然后进行推杆练习。这种方法有利于球员进行瞄准，在推杆的过程中很容易观察击球路径和杆面击球状态，帮助球员快速识别推杆过程中的错误。

图 2.18

◎意志力训练（目标、路线精神）

选择一个洞从距离 3 码处开始练习，然后逐步扩大至 4、5、6 码，把所有的目标距离用 mark 排成一行进行推击，没推进的目标距离要求球员从距离 3 码处重新开始（图 2.19）。这种方法要求球员每一次的推击都要认真对待，练习内容包括瞄准、路径、击球位置、目标等。

◎长距离推杆练习（节奏、方向、距离）

在果岭上较平坦区域（也可以设计得更难）用 mark 在洞的周边摆一个半圆形，半圆的半径大约 1 码，然后分别在 10、15、20 码外进行推杆练习，目标是把球推进洞或者停在这个半圆形内（图 2.20）。

图 2.19

图 2.20

第三节　切杆

◎切杆的介绍

即使是美巡赛上，非常优秀的球员也很难在每一个果岭上都打得很完美（图 2.21）。根据美巡赛数据统计，大多数球员每一轮上果岭成功率大约 65%，即使是最好的球员，这个概率也只在 75% 上下。球员一般会通过切杆或者劈起杆把球切到果岭上，使球足够靠

高尔夫运动基础 *Fundamentals of Golf*

近洞，为接下来的推杆创造更好的机会。所有球员都可通过切杆来获得提高自己成绩的机会。

切杆是短打技术的一种，前面我们讨论过推杆，下面重点讨论切杆。在果岭周边的草地上有两种击球：切杆和劈起杆。切杆有两个基本的特点，不同于劈起杆，切杆被定义成手腕不动的单杠杆运动，它会产生较小的飞行时间以及较大的滚地时间。劈起杆是一种双杠杆运动，它会产生一个较大的飞行时间以及较小的滚地时间。劈起杆将会在第三节中被讨论。

当讨论一个球员的击球方式时，我们会建议球员在果岭周围能推杆尽量推杆。切杆只是在不能推杆的情况下进行的，而劈起杆则是在两者都不能的情况下进行的。当球员的球离目标越来越远时，上面所提到的击球方法，一个比一个更复杂。推杆是一种不用把球打到空中的方式，所以出现错误的可能性更少一些。切杆击出的球有一小段的空中飞行距离以及球落地后的滚动距离，它需要精准的触球，才能达到理想的效果。而劈起杆使用双杠杆动作以及更大角度的杆击球，只有更好地控制杆面，才能打出一个成功的球。

图 2.21　即使是美巡赛上最好的球员也有超过 30% 的球上不了果岭

图 2.22　根据距离、坡度、果岭速度，球员可以选择不同球杆打出不同距离

◎**选择球杆**

用于切杆的杆，很大程度上取决于球的位置，球员选择球杆要考虑控制距离、目标区域内的坡度以及果岭的速度等情况。可以使用球包里的任何一支球杆去切球，包括木杆、铁木杆以及任何铁杆。理论上切杆应该用最小角度的杆，这样才能让球滚到洞边。因为切杆是单杠杆运动，最好的方法是用最简单的击球来产生预期的结果。

很多年前，果岭是非常柔软且速度很慢的，

选择正确的球杆去切杆，是基于大量数据的对比以及结果的分析。最初的距离规律大概是：沙坑挖起杆为一比一，劈起杆为一比二，9号铁为一比三（图2.22）。由于果岭速度不断增快以及果岭条件显著改变，这些规律不再有效，但是球员们花时间练习不同的果岭（速度、硬度以及坡度）来找到与之对应的比例，这是一种非常必要的行为。每次在练习的过程中，把球打到同一个地方，这样就可以看出不同的杆会出现的结果。

◎握杆

握杆对于切杆来说至关重要，它主要是通过手掌来控制（图2.23），握杆的方式和推杆一样，许多球员会使用推杆的握杆方式，这样手腕能够保持稳定，从而可以产生单杠杆运动。一些球员会采用挥杆的握杆方式，这样会产生双杠杆运动，切杆变成劈起杆，让击球变得更加复杂，更难扎实打中球。

切杆的站位和推杆比较相似。球杆的长度是为了完整地击球而设计的，球员在切杆的过程中需要调整握杆的位置来适应他的站位，这个位置比挥杆更靠近球。球员应该握到球杆握把的更下面一点，至少半英寸或更多，然后将手腕轻轻地向下弯曲，使手腕更加稳固，球杆的根部轻微离开地面（图2.24）。握杆握得下一点，会让球杆变得更短，从而减少杆头速度，让球员更好地控制球杆。

图2.23 采用手掌握杆可以帮助球员一体式击球

图2.24 球杆根部轻微离开地面，好像是被草举起来的

◎姿势与站位

切杆的姿势与站位相对挥杆来说更加像推杆。球员应该站得比推杆更高，腰部以及膝

盖要更加弯曲，下半身移动比推杆会多一些。球员应该向臀部倾斜，重心应该稍微放在身体左边，这样臀部才能在脚的上方自由旋转。肩膀保持放松状态，肘部稍微向着口袋靠近，这才能有足够的空间靠近球（图 2.25）。球员应该尽可能地保持肩膀水平，让脊椎处于中间的位置。手臂与球杆形成 "Y" 字形，而后侧手臂比前侧手臂更加弯曲，这和推杆不一样。

切杆的击球动作是从上往下用力来完成的，它不是水平的动作，更加不是从下往上的。重心放在前脚上，前脚可以稍微打开，这样可以让臀部以及腿都更加自由、轻松地向前转动，保持击球的一致性和稳定性。

杆头应该轻轻扫过草地，球杆的底部与地面有短时间的接触造成轻微的反弹。这会导致草皮被轻微地破坏。在教学中使用的专业术语是：让杆头扫过地面、让杆头在地面上。切杆的节奏应该与推杆一样，击球时间比推杆更长一点，弧也应该更长。

球的位置应该是在球员后侧脚的内侧（图 2.26），手握紧球杆，使球杆握把的末端指向球员前侧大腿的内侧，手保持在球的前面。球杆向前倾斜，并垂直于目标线。每次将手放在球杆的同一个位置，这样球员可以通过选择不同的球杆来创造不同的结果。如果球员每次握杆的位置都不一样，这样球杆每次击球都会发生变化，球员很难在每次击球时产生同样的效果。

图 2.25　切杆的站位需要平衡、稳定

图 2.26　不同球位，不同球杆击球时，握杆的位置要保持一致

当球的位置不太理想时，很多球员会将球向后移动，这样会使击球角度变陡，但是这样会使球员感觉击球更加干脆和扎实，也能减少打到球前面的地的可能性。如果球杆的角

度变小，球飞起的高度会非常低从而产生很多的滚动，为了保证效果，球员在选杆时就需要考虑用一个更大角度的杆来击球。

◎切杆技术动作

和推杆一样，基本的切杆也是使用单杠杆，球员需要挥动手臂、肩膀、球杆和"Y"字形来进行击球（图2.27），而且要保证在击球过程中两手腕不能弯曲和转动（图2.28）。下半身的转动是很轻微或者基本察觉不到的，"Y"字形向上或向下挥杆时（图2.29），为了帮助球员找到自己的节奏完成挥杆，下半身会向目标有着轻微的旋转。如果下半身完全静止不动，球员则需要用更多手和手臂的力量来完成击球。这些补偿动作可能会改变杆头的位置，使击出的球远离目标。

切杆也需要有一个正确的节奏，这样球员就可以不断重复这种节奏。在推杆击球过程中，上杆时间与下杆时间的大概比例是2∶1，无论球员在比赛中推球的距离多少，都应该保持这样的节奏。切杆中也应该有相似的节奏，球员可以通过控制节奏来控制杆头击球的速度，打出自己想要的距离，使球到达目标附近或者直接进洞。在切杆过程中，节奏不受控制的加速或者减速都会使杆头失去方向，从而出现一个非常糟糕的结果。

当切球距离需要改变时，球员需要改变的只有上杆的幅度。上杆幅度越小，击球越短；上杆幅度越大，击球越长，但是节奏是保持不变的。

杆面的角度也会影响速度，角度越小，球飞行的轨迹越低。球的轨迹越低，越容易把球带到合适的方向和距离。当球员击球使用更多的力量时，球就会在果岭上滚得更远。只要在切杆上花费时间和精力练习

图 2.27 准备姿势时"Y"字形稍微向目标方向倾斜

图 2.28 保持"Y"字形，球杆向后摆动上杆

图 2.29 击球后，保持"Y"字形，球杆向后摆动送杆

不同的球杆，球员就能正确地选择球杆来应付果岭区域遇到的任何情况。

◎果岭周边的地面状况

当球员在短草的果岭周围（没有障碍物，草很光滑）进行切杆时产生的失误是比较小的，但是面对果岭周围粗糙程度不同的长草和地面状况比较糟糕的环境，球员击球的难度相比状况良好的短草就变得困难多了。球员击球时需要考虑的因素一般有球的位置、草的状况等。

球员的能力以及适应力将会决定如何击球。首先要考虑的是必须要把球送上果岭，让球足够靠近洞口，为下一杆提供良好的条件；其次要考虑的应该是怎样把球打进洞而不是靠运气。安全是首先要考虑的，在降低风险的情况下应采取适当的方案，一味地冒险只会付出惨痛的代价，给接下来的比赛带来非常不利的影响。

面对果岭周边的地面状况采取合适的击球方式需要经验，也需要尝试创新。面对很多突发情况，知识和经验是非常重要的。知识指的是用不同的方法来产生正确的结果，并认识到应该在哪里击球，用切杆还是劈起杆（下一章将会提到）。经验指的是球员根据场上不同的情况应该采用最正确的方法用最少的杆数把球打进洞。只有知识是不够的，球员需要有更多的经验，才能应付各种特殊类型的击球，他们需要快速地适应，因此练习不同位置的切杆对球员来说意义重大。

◎调整

根据果岭周围区域草的粗糙程度，这里有一些基本的切杆调整，这些调整主要是根据球的位置和球与杆面之间的距离来进行的。

（1）使用大角度的球杆，杆面与球之间的草越多会产生一个滚得更远的球。

（2）把球放后面一到两个球位，将会获得一个更大的角度。但是也有可能会让球杆击不中球。这个动作需要更大角度的球杆才能让球走上需要的轨迹（图2.30）。

（3）根据击球的长度、草的浓密度以及球的位置，手腕可以稍微弯曲，利用额外的力量把球打上果岭。理论上来说，这就是劈起杆（图2.31、图2.32）。

球员需要练习好的球位与坏的球位的切杆来确定不同位置的不同击球方式。在这种情况下，在练习中获得的宝贵经验是无法替代的。这样做的关键是在练习时务必保持击球动作的一致性来面对不同的情况。

图 2.30　不好的球位，可以把球放后一点，这样击球时杆面角度变陡，有利于提升击球准确性

图 2.31　对于草比较长的球位，球员需要更多的弯曲手腕用劈起杆的动作击球

图 2.32　做出正确的决定和击球才能有好的"运气"出现

　　每隔一段时间，球员都有可能会因为运气而击出一个很好的球，但球员不要总是期待这种结果。获得这种运气最好的方式是做出正确的决定以及正确的击球。运气应该是学习的结果，好的结果只会以击出好的球为基础。

◎巩固提高切杆技术

使用不同角度的球杆击球（感知、认知、判断）

　　在离练习果岭 5、10、15 码的地方使用不同角度的球杆（沙坑挖起杆、劈起杆、9 号铁等）击球，试着在不同的地点切球将球送到选定的目标，并记录下每一次击球的效果以确定选用哪根球杆击球是最正确的选择（图 2.33）。

固定目标练习（节奏、方向、距离控制）

　　在果岭上选择一个区域用 mark 在洞边摆一个以 1 码或者 1.5 码为半径的圆，从距离该圆 10 码左右的地方开始，用不同的球杆把球打进这个圆内（图 2.34）。该方法可结合果岭周边平地、上坡、下坡、侧上坡、侧下坡等情况来设定练习难易度。

图 2.33

桥下切杆（弹道控制）

在果岭外 3~5 码的地方，立两根方向指示棒（图 2.35），确保指示棒在足够远的地方不会挡到挥杆，练习在指示棒中间的横杠下击球。

图 2.34　　　　　　　　　　　　　图 2.35

挥杆路径练习（瞄准方向）

使用两支杆或者挥杆指示棒等直的类似物品平行摆放在通往目标的路径上，使球杆杆面与挥杆路径对齐（图 2.36），练习时可根据实时击球效果来检查和调整挥杆路径。

不同坡度的切杆练习（距离方向）

在练习果岭周围不同坡度（上坡、下坡、侧上坡、侧下坡、斜坡等）设计 18 个点（图 2.37），把球从 18 个点上打向洞，然后进行推杆，18 个点的总杆数标准杆为 36 杆。

切杆的精准练习（距离效果）

在果岭上选择一个洞，以该洞为圆心，3~6 码为半径，用 mark 或者 tee 设计一个圆（图 2.38）。在果岭周边设置不同的切杆地点，每个点切 3 个球，然后统计 3 个球的总得分（1码内得 3 分，1~2 码内得 2 分，2 码外得 1 分）。

图 2.36

图 2.37

图 2.38

第四节　劈起杆的基础

◎ 劈起杆的介绍

在前面的学习中我们讨论过切杆是一个单杠杆的动作，它切出的球产生较少的空中飞行距离以及较多的地面滚动距离。切杆的目的是把球打上果岭，并使球更靠近洞。通常情况下，球员在 10~30 码的距离使用切杆，但在 30 码之外的地方则需要使用劈起杆。因为单杠杆运动已经不能给球足够的力量，让球停在 30 码以外的洞边。在前面的切杆中，我们提到一句话：劈起杆在没有其他选择的情况下才考虑使用。这句话概述了球员不得不需要使用劈起杆来把球击到洞边的各种具体情况：当球员与果岭之间有障碍时，比如沙坑（图2.39）、水障碍；当球需要软着落在果岭上或者急停；或者果岭

图 2.39　球和洞之间有障碍物，球员最好选择劈起杆而不是切杆

上起伏较大，需要一个比较短的滚地。这时球员需要一个劈起杆，才能把球尽量送到靠近洞口。因为球员没有办法限制球的滚动，所以我们建议球员使用更复杂的动作来达到目标。

图 2.40　充分的站位以及稳定的释放能带来好的效果

图 2.41　劈起杆和全挥杆的握杆方式应该一样

图 2.42　前手手掌帮助球杆保持稳定，后手手指控制球杆

劈起杆动作会比切杆更加复杂。握杆、瞄准、站姿都需要更加精确才能达到预期的效果。在正确使用劈起杆的过程中，球的位置是一个非常重要的因素。如果球的位置不当，很有可能出现先击中地面再击中球。劈起杆比切杆和推杆更加困难，所以应该用更舒适的站位以及更轻松的节奏让球杆能够稳固地击球（图 2.40）。

◎ **球杆选择**

选择劈起杆球杆的方式跟切杆不一样，球杆需要打出一个更高的轨迹，减少球在果岭上滚动的距离，并减少球前进的动力，这样才能让球尽快停住。使用大角度的球杆可以增加轨迹的高度，通常来说都会使用大于 50° 的杆。在现代的标准球杆中，球员可以选择 52° 的特殊杆，或者选择 54°~56° 的沙坑杆，也可以选择 58°~60° 的高角度特殊杆。球员应该根据球场上出现的不同的距离选择不同角度的球杆。球员应该根据需要，来选择不同类型的击球方式。

◎ **握杆**

让球以一个比较高的轨迹飞行，需要更多的力量。球员使用单杠杆动作很难稳定地完成这样的击球，他应该像挥杆一样使用第二个杠杆，使球杆的速度变得更快并打出相应的距离（图 2.41）。

大角度的杆会让球停得更快，球杆被握在右手上（右手球员），左手的手掌倾斜地握住球杆，手腕应该比在打推杆和切杆的时候灵活，更容易挥动球杆。球杆应该在手指的底部，主要靠手指来握住球杆并保持双手一致运动（图 2.42）。手掌应该朝向目标，保持手臂力量的控制以及节奏，但是手臂需要足够稳固，这样在球杆受控制的同时能保持一个相对慢的节奏。为了更有效地控制球杆，在下杆的后半段应该把节奏变得更慢。

◎姿势与站位

球员在站位的时候应该把 60%~70% 的重心移到前侧脚，双脚的站位相对较窄（8~10 英寸）（图2.43），但双脚必须保持适当的距离维持身体在挥杆中的稳定和平衡。脚趾、膝盖、臀部的连线稍微向目标方向打开成一个开放式的站姿。使用此姿势有两个目的，一方面限制球员身体下半身的转动，大部分的击球力量都来自肩膀、手臂以及手，这样能使击球距离和方向更精准，对于短距离来说是十分必要的；另一方面是稳定的且稍微朝向目标的下半身姿势使挥杆非常稳定和顺畅，并能使击球更加扎实和准确。

球员应该站得足够高来维持双脚之间的平衡（图2.44）。膝盖应该稍微弯曲，来维持整个身体的平衡与节奏。臀部稍微倾斜保持脊柱与脚形成一定的角度。手臂以放松的状态从肩膀自然下垂，保证挥杆的时候能够自由地摆动。

球员脊柱的角度应该在球的中间，挥杆中心也应该在球的正上方，手应该放在球的前面（图2.45），整个身体的轴稍微向前侧倾。对于基本的劈起杆，这样的动作能够让球杆有一个好的角度去击球。但是，如果身体太过前倾，会改变球飞行的角度，从而影响击球的有效性。把球杆向下压会让球员站得更靠近球。球杆的杆尾延长线指向口袋，球杆应该和地面形成一定的角度，这个动作要使球杆的杆面面向目标，每一个角度的变化都会导致偏离目标路线，有可能向左或者向右，这时候就需要一个补偿动作来击中球。

图 2.43 双脚间距离要足够支撑整个挥杆的平衡

图 2.44 上半身站直一点能够帮助重心来到脚的中间

图 2.45 脊柱角度是直的，球杆往前倾斜

球的位置应该在站位的中间，这个位置适用于所有的击球，使用这个位置来击球对于球员而言更加熟悉，有助于产生对击球的信心。它允许球员微调站姿以及击球路线，使击球产生想要的结果。基于这个基础，不同类型的球位需要不同的站位，这样才能完成不同效果的击球。在短距离的击球中，这个基础非常重要，短杆应注重站位的几个基本元素，并在击球过程中予以适当的变化以及调整，这样才能产生更好的击球效果。确定站位的时候，需要一面镜子来让球员观察自己的动作，把手放到能够轻松向前挥杆的位置。

◎劈起杆的动作

对于基本的劈起杆动作来说，最重要的就是流畅性。在这个动作中，球杆、手臂、身体呈一个整体在运动。在适当的站位之后，像挥杆一样，劈起杆只是更短一点。手臂和肩膀就像在挥杆时一样，是最先移动的部分。虽然上杆的幅度没有挥杆幅度大，身体移动也少一点，但是它仍然需要轻微旋转，先远离目标，然后向着目标回转，把重心从后侧脚转移到前侧脚。

图 2.46　上杆靠手臂和肩膀带动

在上杆动作开始时，手臂和肩膀将球杆向后摆动（图 2.46），当手臂到达预期的高度时，他们开始减速，手腕也开始旋转，击球需要的时间越长，手臂移动的时间越缓慢（按照前文提到的上杆时间与下杆时间呈 2：1 比例的节奏，越长时间的击球动作会导致速度增加，从而产生更远的距离），就需要更大的连接。另一个需要考虑的问题是球的位置。球的位置如果在一个相对粗糙的地方，就需要一个更快的杆头速度和手腕力量来产生需要的距离；如果球的位置相对平缓光滑，则需要的杆头力量就会比球处在粗糙的地方小很多，在这种位置击球会更容易，而且也不需要很多的手部力量，同时也给了球与杆面更好的接触机会。

劈起杆击球的节奏与推杆相似，但上杆的幅度则更接近于挥杆。在比较慢的节奏下，重心转移回转击球，也不是一个快速的动作。根据不同流派的思想，手臂、手与球杆将会与肩膀的动作相匹配，或者说他们是按顺序运动的。为了更大程度地击中球，手臂和手不应该产生额外的力量。球的转动受到杆面角度以及杆头旋转的速度的影响。向前摆动的过程中加速是非常困难的，有些球员通过足够的手臂发力练习来尝试增加速度，为球提供一个更大的驱动力。但是，一旦产生错误就会跟预期的结果不一样，即使整个挥杆击球动作很完美，也有可能产生意想不到的结果：球落地后反弹方向不如意，或者击球距离控制太差。从而使球离目标太远，给接下来的推杆带来困难。

劈起杆的整体动作应该是杆头击完球才结束的。当球员回转到目标时，重心应该转移到前侧脚，这就使摆动的中心稍微移动到球的前面，以保证球杆仍然向下移动，理想的动作是用平手腕把球移动到目标，杆头轻微的向下移动，可以让球员在不同类型的球位中反复练习以增加击中球的概率。

如果球员没有转移重心，一直把重心放在后侧脚，使脊椎向后倾斜，然后挥杆的最低点在球后面，就会产生两种不理想的状况：其一是这样的挥杆会让球杆先接触草地，导致整块草皮飞起来，而球只会滚动几英尺远；其二是如果下杆的最低点比较高，就会产生一些有趣的结果，在这种情况下，球杆在向上挥的过程中接触到球，这时杆面的前沿碰到球，球会飞跃过球洞甚至果岭（图2.47）。

图 2.47　劈起杆击球的完整动作

◎根据不同的球位和草地状况来调整

　　球员可以使用不同的切杆去处理不同的情况，这些都在短杆的因素中讨论过了。劈起杆也可以根据不同的球的位置状况来调整击球。比如说，球在草比较长的区域时，由于球和球杆杆面之间的摩擦减少，击出去的球滚动会更多。在击球时，可以把球位放在更靠近于前脚的地方，并且可以稍微开放一些球杆的杆面以增大反弹角，这样在击球的瞬间有一个更大的杆面角度，从而减少长草的阻力，使击球更顺畅。

　　不同的草地状况会出现不同的问题。在比较长的草中，球不会直接跟地面接触，而是悬浮在草与地面之间，这让球员在击球时会产生很大的误差。在比较硬的草地上或者完全没有草的裸地击球时，球不会与球杆杆面产生很多的摩擦，所以打出去的球会比在较长的草上击出的球滚得更远。对于这样的击球，身体重心要从后侧脚移向前侧脚，手的位置更加前倾，球员的身体姿势在整个挥杆击球过程中必须提供稳固支撑。还有就是，在这种情况下最好使用反弹角比较小的球杆来击球，这样更有利于使击球动作流畅，使击球能顺利进行。

◎总结

　　无论情况如何，球员对结果的期望总是取决于几个因素：动作是简单的还是复杂的？击出去的球将产生多少空中距离以及球落地后滚动多少距离？基于果岭的起伏情况和坚固程度，球飞向目标的难度有多大？球员练习了多少次击球以及他练习的效果怎么样？

　　随着球员在经验和信心上的增长，对自己的期望也在增长。在最基本的水平上，球员要不断分析球场上遇到的状况，这些分析结果将为球员提供可靠的球场比赛经验，以指导球员在未来的比赛中更好地发挥水平，打出好成绩。在高尔夫下场练习和比赛的过程中，不要只看击出了多少好球，而要考虑到失误的原因和导致的结果。

　　基本击球练习：劈起杆比切杆或推杆更复杂，需要使用到第二杠杆。这个杠杆是由手腕在起杆时产生的，需要更精确的动作。从各种各样的球位和不同场地状态的情况中练习劈起杆的基本动作，将使球员获得关于预判球的不同运动轨迹的经验，并提升在任何情况下都能准确击中球的自信度（图2.48）。

图 2.48

◎劈起杆的练习方法

　　击球距离控制练习：这个练习方法和切杆很相似，在果岭上用mark设计一个几英尺的圆，然后练习把球切到圆内（图2.49）。使用合适的节奏以及上杆幅度来控制距离是这个练习的关键点。

　　击球方向练习：练习这个动作能够保证杆面始终向着目标方向（图2.50）。在球员击球之后，保持送杆的姿势，并检查杆头是否朝向目标。

　　特殊球位练习：在不同球位进行劈起杆练习，这些球位包括上坡、下坡、球高人低、人高球低、斜坡等（图2.51）。这些球位有好有差，球员通过全方面的练习，可以获得信心和经验。

图 2.49

图 2.50   图 2.51

第五节　果岭边沙坑击球的基础

◎果岭沙坑的介绍

　　并不是每一个没上果岭的击球都能保证球最终停在球道上。当时的球场设计师们根据英国林克斯球场上的自然风光和绵羊，为了增加击球的挑战性和趣味性，在果岭周边或者球道上设计出了沙坑障碍。美国高尔夫球协会将沙坑定义为草皮被移走并被沙子或类似物所取代的区域。沙坑里的沙子可以从几百英里以外的地方运来，也可能是在施工过程中使用过的普通沙子。重要的是要明白，不同类型的沙子会产生不同的球位。颜色和颗粒大小是设计师在确定将用于高尔夫球场的沙子类型时考虑的两个最大因素（可用性和成本也是考虑因素）。

　　颗粒尺寸越小（0.25～1.00 mm），边缘越锋利，沙粒就会越好，对球员来说更容易打。当球碰到这种沙的表面的时候，它会反弹，球会留在沙的表面。因为这些特点，更坚实的沙子，让球员更容易把球击出沙坑；具有较大颗粒尺寸和圆形边缘的砂粒，出现球被掩埋或者荷包蛋球位的可能性就很大，打这种困难的沙坑球位时需要不同的策略和不同类型的球杆才能把球从沙坑中击出。

　　沙坑设计本身可以带来许多挑战。一个平坦的沙坑，表面与平坦的果岭几乎相同，这可能是球员所面临的最简单的情况。不幸的是，这种情况不会经常出现。沙坑可以设置在果岭的上方或下方，从而创造不同的情况，高尔夫球员击球时必须进行预判。沙坑还可以有平坦的底部和长满草的斜坡，或者是倾斜的沙坑壁（图2.52）。这些不同的沙坑要求球员打出不同的击球。本节的目的是介绍沙坑的基本技术，提及的技术大部分都在短杆基础中有提过，但是要注意，掌握不同类型的击球动作需要大量的针对性的练习。球员如果掌握了沙坑技术的基本动作，就可以稍微调整动作要领来应对不同的沙坑。这样球员就能从各种类型的沙子和不同状况中达到良好的击球效果。

很多球员害怕在沙坑里击球。它被一些人称为高尔夫中最令人恐惧的遭遇，同时也被一些人认为是高尔夫中最容易的击球。也有人认为，关于击球难度的不同意见实际上是来自击球的过程。要想成为一名好的沙坑选手，有两个因素球员必须意识到。第一个因素是，在一个好的击球中，杆头不会在沙坑中直接与球接触。球杆应该在球后距离2~4英寸入沙，球杆杆面滑入沙子底下快速通过球，这时球将被沙子包裹着击出去。第二个要素是，球员很难获得和球道上击球时同样长的距离。这是因为沙粒会有阻力，会吸收杆头的大量能量，所以击球时需要更快的挥杆速度和力量使球杆能很顺利地从沙中通过。

由于击球的目标是先击中沙子，因此打沙坑的球杆与其他的球杆有一点不同。沙坑挖起杆的底部厚度通常比其他任何铁杆都要宽。沙坑挖起杆的后缘比前缘低很多（图2.53）。这种设计能够产生反弹，在沙中击球时不会入沙太深。最长的铁杆反弹角只有1°~2°，而沙坑挖起杆的反弹角大多都有5°~14°。

一般来说，大多数的挖起杆都能在沙坑中使用。大沙坑中，有相当数量的反弹角为10°~14°的球杆可以轻松穿过沙子，而不会挖得太深。球杆反弹角的设计，使即使是没有

图2.52　球员将会面对不同的球位，不同的沙质，不同的沙坑壁，不同的距离。不管面对怎样的状况，第一步都是要掌握沙坑球的基础打法，所有的打法都是建立在这个基础上的

图2.53　沙坑杆拿起来的时候可以看到它的反弹角

经验的球员也能从大多数沙坑中有不错的发挥。图 2.53 可以看到通过焊接额外重量块形成一个挖起杆的底部设计，这种设计使球杆穿过沙子的表层，保持足够的速度和能量把球击出沙坑。在此之前，球员必须用非常精确的技术，以免在打沙坑球时挖沙太深而不能把球带出沙坑，或者担心打得太薄而把球打过果岭。

正如我们前面提到的，把球从沙坑中打出并靠近球洞，最理想的是在球后 2~4 英寸的地方入沙击球，然后让沙子把球带出去。球员必须了解有效的沙坑击球基本原理，选择正确的球杆和技术，在特定的情况下，通过不断练习直到提升了沙坑技术的水平和信心。

◎选择球杆

选择球杆和击球一样重要。我们之前提到过不同类型的沙子需要不同类型的球杆。现在我们将看一下选择沙坑杆的三个要素：球杆的角度，杆底的宽度，以及反弹角。虽然球杆的选择应该是球杆设计方面的组合，但选择球杆的角度应该是基于击球所需的高度，球被击出的距离，以及球在落地后需要的速度。对于一般的沙坑击球，56°~58° 沙坑挖起杆是很好的选择。它为球员提供了足够的空间来将球从大多数沙坑中击出，并让球停在果岭上。对于较长距离的沙坑球，球员可以选择使用特殊杆、劈起杆或短的铁杆，必须注意的是确保反弹角不会给球员带来任何问题。

我们讨论了反弹角是球杆上前沿和后沿形成的角度。当观察球杆面时，很容易检查到背面边缘低于前沿。反弹决定球杆将在砂中滑行多久而不会挖得太深。球杆底部的宽度为另一个影响因素。由于反弹角是由前缘的杆底夹角决定的，如果杆底越宽，球杆的后缘越低，有效的弹力就越大。

挖起杆通常设计为 10°~14° 的反弹角和适度的杆底宽度，使它们适合大多数类型的沙坑。如果球员花时间和精力来测试不同的设计，就会有更好的选择。一个球员可以使用更少的反弹和一个较窄的杆底，但是如果面对一个相对松弛的沙坑时，就需要有更多的反弹和足够的杆底宽度。密集稳固的沙子不允许球杆挖得那么深，而松软的沙子则需要对球杆增加额外的反弹来防止球杆挖得太深。

尽管高角度的杆在沙坑中更多的被选择，但出于反弹的原因，它也可能是一个糟糕的选择。大多数 58° 以上的杆是设计用于在球道产生更少的反弹。许多球杆只有 4°~8° 的反弹角，这使得球杆更适合那些非常稳固密集的沙坑，因为球杆会更深入地挖掘沙子。当使用一个几乎没有弹跳的球杆时，球员击球就像没有进入沙坑一样。在沙坑挖起杆发明之前，球员要花更多的时间来练习才能击出好球。

球员想在一轮中打同一支杆，明智的做法是购买一种有角度的挖起杆，与沙坑的设计相匹配，并与沙粒相匹配。对于那些有几支不同挖起杆的球员来说，他们就可以选择不同角度和弹性的球杆。PGA巡回赛上的球员每周都要面对相同的沙子——尽管他们可能会在全国各地旅行，但他们每周看到的沙子几乎是一样的。无论他们在哪里打球，他们都会坚持使用自己熟悉的球杆。还需要考虑的是，如果球员需要使用沙坑挖起杆在球道击球，就需要选择一支反弹角较小且有较窄的杆底的球杆，这样的选择对于在沙坑和球道击球都有好处。每个区域的性能都需要权衡，正确的选择可以让球员有效地从沙坑中把球打出。

◎握杆

最有效把球打出沙坑的方法是利用挖起杆的反弹角，尽管挖起杆的反弹角会比其他杆更大，但是仍然需要在挥杆的时候打开杆面（图2.54）。最简单的方法就是像往常一样握住球杆，轻微地对球杆施加压力（图2.55）。然后用旋转的方式把杆面打开，直到杆面指向目标的右侧（右手高尔夫球员），然后重新握住球杆（图2.56）。这就使得球员的握杆在一个非常开放的位置，力量不是这个击球的关键点，最重要的是在冲击球的过程中能够

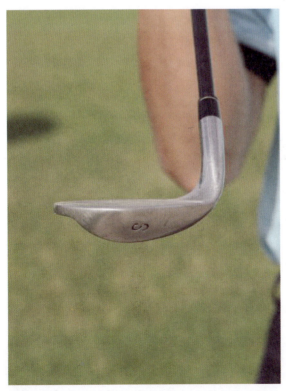

图2.54　无论沙坑杆的弹跳如何，球员都应该打开杆面来增加反弹量

图2.55

图2.56　首先握好球杆，然后杆面朝上，旋转，重新握杆

保持适当地反弹。

当用正常的方式握住球杆时，只要打开杆面，就会有一种倾向，将手和前臂向后摆动，在向前挥杆时，关闭杆面，就可以减少弹跳。尽管球杆有 12°～14° 的反弹角，在这个时候关闭杆面和减少反弹也会导致球员不容易把球打出沙坑，所以我们的目标是在挥杆过程中保持杆面开放。

◎姿势和站位

在这一节中，我们将只讨论基本的沙坑击球，以及陷入沙中的球位。在上面，我们提到了球员应该如何在沙坑中握杆，并使球杆在冲击球的过程中能够保持适当地反弹。杆面会指向球的飞行方向，为了将球击向球员的目标，球员必须调整他的身体位置。最简单的方法是对齐：如前所述，球员首先要按照正确的方式握杆，让杆头在沙坑上方的球后挥动，并让他的身体线与目标平行；然后，球员应该调整他的身体直到杆面指向目标，这个调整将使他的身体与目标左侧对齐（图 2.57）。了解击球的初始方向并与球杆的位置相匹配，这将使球员更容易将他的身体对向目标。来自练习和比赛的经验将帮助球员决定杆面应该被打开多少，来获得正确的反弹或其他情况，以及身体应该被打开多少来获得好的结果。

球员应该把双脚分开足够远，以保持挥杆所需的力量平衡。在保持平衡和节奏的同时，膝盖应该弯曲，让球员在向前挥杆时有一个稳固的支点（图 2.58）。球应该从臀部开始

图 2.57　当球员打开站位的时候，杆面仍然要朝向之前确定的方向

图 2.58　好的站位能够帮助球员在挥杆的时候保持平衡

倾斜以保持一个好的脊柱角度，这使得手臂可以保持放松的姿势，并可以在肩膀下方自由摆动。

球员的重心应该放到在前侧腿上，最好是内侧。保持在前侧的重心让球员的位置更有效。目标是打在球的后面2~4英寸处，此处应该被定位为挥杆最低点。有一些球员挥杆的最低点可能离球更远一些，手的位置应该在球的后面，或者稍微向后，脊椎保持中间位置。

为了建立一个坚实稳固的基础动作，球员需要用脚"挖"沙，这个时候球员的鞋子就在挥杆平面的底部，沙坑击球的动作应该比相同长度的击球更有力量和攻击性，因此球员站位时下半身需要更有张力，这种张力是平常击球的2~3倍。

◎沙坑击球的动作

如果你没有正确的站姿，这个动作就是没有意义的。在沙坑击球前仔细检查站姿的每一个步骤，球员使杆面朝向目标，身体打开，重心压在前侧脚上，就像前面所说的。

重要的是，确保重心在前侧脚上，会让你的挥杆达到两个目的：第一，在击球的过程中限制身体的移动，从而让击球点在球的后面；第二，使挥杆平面更接近于"V"型而不是"U"型。沙坑击球需要挥杆平面更加陡峭，我们可以通过把重心压在前侧脚上来形成这个动作。在这个位置上，球员不需要做出任何挥杆的调整，当重心在前侧脚时，挥杆中心更接近球，手臂是在一个垂直的方向上移动的，因此，球员不需要用手把杆拿起来。"V"型的挥杆会让球有一个更高的飞行角度，这对于比较高的沙坑壁来说，是非常有利的。更重要的是，用其他的杆击球时，使用这种技术也会得到这种结果。

当我们做好挥杆的准备时，要记住我们的目标是把球从沙坑中打出来，并让它更接近球洞。为了做到这一点，杆头必须要沿着球员的身体摆动，这个动作保证了杆面击球时的反弹，同时打起沙子把球击向目标。球员站位打开的状态以及杆面朝向目标都会让杆面处于直角的位置，从而减少球杆的反弹。

通过开放站位以及球杆沿着身体挥动，球员可以打出身体在不同方向上的不同结果，在不同的短杆击球中，球员可以改变身体的方向以及球杆的开放程度来控制击球的轨迹和滚动距离（图2.59）。现在，我们要做的是每次把球从沙坑中打出来，并让它落在果岭上。

实际上沙坑击球的挥杆动作和全挥杆非常相似。击球的距离和球的位置决定了上杆的幅度，但球员的节奏应该要保持一致。下杆的时候，身体要有一个适当的转动，但重心应该在球的上方（图2.60）。向前挥杆时身体运动的顺序应该和全挥杆一样：下半身→躯干→肩膀→手臂，而不是全部一起运动，这个动作会让杆头得到足够的能量击到球的后面，把球打出沙坑。

图2.59　球员要检查球杆的挥杆轨迹是沿着身体方向而不是杆面方向（三条线分别是：身体方向、杆面方向、挥杆轨迹方向）

图2.60　上杆时，身体应该有一个适当而稳固的支点

　　对于许多业余选手来说，他们很容易使用手腕的力量。就像全挥杆的时候，很容易使用手臂力量，上杆的幅度决定了手腕的高度。当上杆手臂到达水平的位置时（9点钟方向）这时候前臂和身体的中心轴就会形成90°的角度，保持手腕放松，自然就能到达这个位置。另外，手腕不能被锁住，否则可能导致球无法获得足够飞出沙坑的力量。

　　对于基本的沙坑击球来说，球杆击球的位置应该在球的后方2~4英寸处，这就为球员提供了足够的空间（不能太远亦不能太近）。当击球点与球的位置太近时就会让球杆太接近球，从而听到不正确的击球声音，这可能会与预计产生的距离不一样。球员在练习以提高击球技术时，应该找到一个适合的击球位置使球飞出沙坑。

◎球位

　　每个球员无论在哪种沙子的沙坑中击球，都会打起沙子才能把球击出沙坑从而落在果岭上，而不需要浪费更多的杆数。为了将沙子击起来，球杆要打到沙子中相对于球位更深的地方，球员首先要做的就是选择球杆。为了得到更好的击球效果是否需要更多的反弹？

多大的角度才能将球打得更远？球陷进去的深度对击球有很大的影响。球陷进去越深挖沙应该更深，但这种深度非常难控制。

　　球员可以选择是否用最标准的方法去击球或者挥杆位置更高。如果挥杆位置更高仍不能达到这样的效果，可以使用以下两种方法。

　　第一种方法是使站位以及球杆杆面更朝向于目标（与全挥杆的动作相似），通过调整杆面以及站位减少球杆的反弹，使球杆产生更多的挖掘效果（图2.61）。要达到这种效果需要更大的挥杆力量，如果击出的球飞起高度低，那么球员就需要进行相应的调整。

图 2.61　放直杆面会导致反弹量的减少

　　第二种方法是使用可以产生更少反弹的杆，比如更低角度的挖起杆（8°或更少）或者P杆。这两种球杆都需要打开一定的角度才能产生挖起的效果。球员需要注意的是这两种杆跟沙坑挖起杆的重量不一样，在挥杆的过程中需要更多杠杆的力量。有时候球员面临不好的球位，球很难被打出沙坑，因此了解沙坑的信息是非常重要的事情。

◎总结

　　明白杆面角度以及反弹对于打沙坑球来说非常重要。在击球过程中遵循上面所说的基础、原则，就会为成功更加更多的机会。多加练习会让你明白自身的能力以及限制，在打球的过程中更好地选择，才能减少杆数。在打沙坑球的时候，经验是无法取代一切的。掌握基本的击球，你才能适应所遇到的不同情况。

　　沙坑球练习的方法：在球员使用沙坑杆时，知道怎样让球杆挖起沙子并让球包裹在其中，能让球员有足够的信心将球打出沙坑（图2.62）。

球员可以在沙坑挖起杆的底部距离杆面大概 1 英寸的位置做一个标记（图 2.63）。在下杆的过程中，只要沙子不超过标记的位置都可以将球击出沙坑。

图 2.62

图 2.63

击球练习：在沙上画一条距球有 2~4 英寸的线（图 2.64），站在这条线上练习挥杆，在击球时先击到沙子。球员将重心转移到左脚或者过早的放杆会使击球点落在这条线的后面。球员应当不断练习直到能够击到这条线。

图 2.64

高地练习：用沙子创造一个 3~4 英寸宽、6~8 英寸长的小高地（图 2.65），把球放在这块小高地的中心，练习杆面只接触到这个高地的沙子，不接触球，并把球打到果岭上。

练习不同类型的击球：没有什么比情境练习更能帮助球员获得好的效果（除了偶尔的运气——这不总是靠得住）。练习不同距离、不同高度、不同球位的沙坑击球，直到球员掌握了基本的击球技巧。先把球打进果岭，然后让它靠近洞，最后直接进洞（图 2.66）。

图 2.65

图 2.66

第六节　得分杆的基础

◎得分杆的介绍

　　为什么叫得分杆？得分杆是哪一杆的击球？现在大多数的说法是离旗杆 30~100 码之间的击球。在这个距离内，球员很有机会节省杆数，在四杆洞或者五杆洞取得好成绩，或者在上一杆打得不是很好的情况下进行补救。30 码以上、100 码以下的距离让球员需要用到劈起杆的打法而不是全挥杆。对于大多数业余高水平者和职业球员来说，30~70 码之间的距离相对稳定。

　　通常来说，少于须用全挥杆的距离都非常有难度（图 2.67），这个距离需要使用到全挥杆和短切之间的打法。很多球员拿捏不住上杆的幅度，这会影响到球杆的选择，以及距离和方向的控制。虽然有些球员为了避免这个距离的击球，增强一号木以及铁杆的技术，让球尽可能直接落在果岭上，但在一轮的打球中，始终有几个球会打出这样的距离。因为得分杆有太多不同的距离和不同的果岭条件，所以非常有难度。

　　很多球员因为不适应这种不是全挥杆的打法，通常会在下杆时减速，使用更多手部动作，或者调整身体和杆面的瞄准方向以增加球杆杆面的角度，甚至更加往下击球，打出低

图 2.67　对很多球员来说，不使用全挥杆有一定难度

弹道多旋转量的球，或者通过改变站位来调整击球效果等。但以上这些改变只会让球杆面更加难击中球。这样的击球，只有一到两个能击出好球，有一些打出一般的效果，大部分都打不好。

这个距离如果球员想要打好该怎么办? 很多教练都说这个距离，控制心态很重要，我非常赞同。其实这个打法和全挥杆是一样的，只是上杆幅度改变而已。上杆幅度减少仍然需要球员在下杆时加速通过击球。这样的击球使得球员可以稳定击球，打出稳定的效果。击球以全挥杆为基础，所有的细节都反复练习，这样子球员更容易稳定地击出好球，降低杆数。

◎选择球杆

关于得分杆球杆的选择，其中一种最有效的方法就是球员练习 3~4 支球杆，通过改变上杆幅度来改变距离，并达成一个比较稳定的结果（图 2.68~图 2.70）。就像推杆也是

图 2.68　最短的上杆，前面的手臂大概停止在 8 点钟方向

图 2.69　第二级的上杆是前面的手臂停止在 9 点钟方向

通过调整上杆幅度来改变推杆距离一样，挥杆节奏是通过改变重力的作用而不是手和手臂的力量来调整的，通过重力作用调整挥杆节奏完成的每次击球的稳定性会提高很多。

在球场上，球员在击得分杆的时候通常会很紧张，但如果他的稳定性很高，可以预估到球打出的距离，他的紧张感就会减少。球员太过紧张是不利于打球的，一旦紧张到大脑短路，他马上就会加速下杆，手和手臂快速运动，最终产生控制不了的距离和方向。在挥杆的整个过程中要保持一定的节奏，减少手和手臂多余的动作，这对提高击球的稳定性很有帮助。保持一定的节奏能让球员稳定击球，从而更加自信，杆数自然就少了。

图 2.70　得分杆最多的上杆幅度是前面的手臂停止在 10 点钟方向

许多球员会带 3~4 支得分杆，这些杆包括 P 杆（48°）、一支 52°~54° 杆、一支沙坑得分杆（56°~58°）等。带着 48°、52°、56°、60° 这四支杆，这种配置可能是球员的最佳选择。如果 P 杆的角度过小（接近 45°）那么其他杆的角度也需要改变，我们的选择依据是保持每支杆相差 4°~5°。最简单的描述球员的起杆方式是把球员站立时的垂直面比喻成一个时钟，球员的脚处于 6 点钟方向，他要向着 3 点钟的方向打球。有一些教练会用 7：30、9：00 以及 10：30 三个位置来描述 1/4、1/2 以及 3/4 起杆高度，另外的一些教练可能会用 8：00、9：00 以及 10：00 三个位置来描述 1/4、1/2 以及 3/4 起杆高度。无论用哪一种方式去描述，最主要的是起杆的节奏。

什么样的节奏就会产生什么样的击球效果，一旦掌握了一定的节奏，球员的下一步就应该是确定每一支杆的击球距离。每一支球杆都要击出好几百颗球，才能使球员产生足够的信心去达到这支杆所需要击出的距离，球员还需要确定他所需要应对的所有距离都能有对应的球杆使用。在面对一些无法击出的距离时，球员可以使用两支杆来填补这个空隙。

当球员在不同的草地（软、中、硬）练习时，他需要知道每一支球杆在草地击球时产生的距离不一样。在球场上花费时间练习是球员能够正确选择球杆的唯一途径（图 2.71）。

图 2.71　得分杆的击球完整动作

◎握杆

得分杆的握杆方式和其他杆很相似（图 2.72）。挥杆由一个杠杆力量组成，球杆应该被握在手指上面，握把的末端主要位于右手上，球杆倾斜地穿过手指的底部。在标准的握杆上，球员可以看到左手的两个关节，右手掌心对着目标，拇指和食指间的虎口对着右边肩膀，下握 0.5 英寸会让球员更好地控制球杆。许多教练都喜欢自然地握杆，但有一些教练会主张稍微开放杆面的握杆方式。自然地握杆会使手和前臂活动不够自由，这种握杆动作可能不适合每一个球员。握杆的关键在于坚持，减少握杆姿势的改变，每次打球时都使用同一个握杆的位置会增加球员击球的自信心。使用一样的握杆姿势有助于球员把控杆面的位置、起

图 2.72　和全挥杆一样，球员能够看到前面的手的两个关节，这也是得分杆的握杆方式

杆的高度以及下杆的速度，从而在不同距离上的击球变得更加熟练。

◎姿势与瞄准

得分杆挥杆的基本姿势与全挥杆非常相似，球员需要把双脚打开来维持挥杆长度与力度的平衡（图2.73）。一个长而有力的挥杆需要更多的宽度，而短的挥杆可以用一个窄的站姿来平衡。长的挥杆比短的挥杆需要更多的稳定性，宽的站位能为球员提供更多的稳定，能够为球员提供牢固的平衡基础。球员需要更多的经验和练习来找到合适的站位宽度。

球员在准备时，需要身体平行目标线，膝盖稍微弯曲，做好准备动作（图2.74）。这个姿势跟网球运动员的开球姿势一样或者跟篮球后卫的防守姿势一样，微曲的膝盖能让球员得到更多的力量。但球员要小心的是不能让膝盖弯曲太多，否则就会把下半身锁住，导致球员无法正常击球。这个姿势对于球员来讲，应该能使整个身体移动，而不仅仅是移动手臂和肩膀。

图2.73 双脚间的距离应该和上杆的幅度匹配，挥杆的时候保持重心不动

图2.74 好的站位的方向给球员机会击出好球

球员应该从胯部开始上半身倾斜，手臂自然垂在肩膀下面，这时候手臂应该稍微地弯曲，前臂肌肉应该感觉到适当地放松而不是一个紧张的状态，目标是让手臂和身体保持在同一节奏运动，如果没有这一点连接，手臂可能会产生过多的运动，并在下杆的过程中作

图 2.75　稳定的球位应该在两脚中间，使球员击球更加稳定

出补偿动作。对于球员来说，S 杆的挥杆并不需要球员进行太多次的姿势调整，就能取得好的结果。

球应该保持在一个稳定的位置，这个位置在站位的中间（图 2.75）。当球处于这个中间位置的时候，球员可以做一个标志，让下杆的最低点在这个标志前面。如果球的位置在靠近前侧脚的这一侧，球员需要把膝盖向前弯曲或者在挥杆到最低点前触碰到球；如果球的位置在球员站位的右边，球员则需要更早释放手臂或者重心转移到右侧，才能让杆面刚好击到球。如果球的位置太靠后或者太靠前，球员可以通过调整身体姿势打到球，但这种情况下的效果并不稳定。

◎ 得分杆击球的动作

在得分杆击球阶段时，球员的注意力主要应该放在更好地控制球杆，球到球洞的距离应该成为球员的关注点，站位与瞄准能够帮助球员有效地控制方向。挥杆平面也是影响方向的一个重要的因素，在低速挥杆时，挥杆平面的重要性更加明显（图 2.76）。

方向只是击球的一部分，球员还需要把球打出正确的码数。正常挥杆情况下，球员的偏差率为 12~15 码（攻击果岭时球离球洞的距离）。但大多球员有更高的期望，当球员把球击到距离球洞 3 码以内时，会有机会用推杆推进，争取更多打标准杆或者抓鸟的机会。当球员把球击到距洞 3 码外时，推进洞的难度就增大了，所以球员在击球的时候，目标就是要把球击到距洞 3 码以内。

前面提到的使用 3 或 4 支球杆打得分杆和 3 种不同的上杆幅度的方法，能够帮助球员击出正确的距离。使用"8：00、9：00、10：00"的概念可以给球员一个参考点。通过控制上下杆摆动的幅度，可以让球员击出一致的结果。上杆的幅度并不是影响击球距离的唯一因素，转动的速度（球员的节奏）也是很关键的因素。杆头速度是产生距离的重要因素之一。杆头移动得越快，球就会被打得更远。对于球员来说，均匀地发力是很重要的。任何手和手臂的快速加速（或减速）都会让球远离旗杆。相比起全挥杆和劈起杆，得分杆更加要求节奏的一致。

球员的重心将会在上杆时转向后侧脚，然后在下杆时转向前侧脚。横向运动会稍微明显（图 2.77），但应保持在最少值。整体感觉是有轻微的横向运动，是一个平稳地摆动的运动。身体、手臂和球杆的运动节奏是紧密配合的。手和手臂的任何过度动作都会改变挥杆的速度，都会降低挥杆者对击球距离的精确控制。

图 2.76　得分杆挥杆幅度不大，准备击球前球杆的移动很重要

图 2.77　下杆的时候转动，击球就会稍微延迟

　　不管挥杆幅度有多少，手腕都要被动地来回摆动，摆动的幅度（8：00、9：00 或 10：00）越大，摆动的时间越长。8：00 的挥杆将是最小的摆动幅度，而 10：00 的挥杆是最大的，摆动的幅度不应该超过 90°（图 2.78—图 2.81），即使是 10：00 的上杆。球员的手腕也应该是被动的，而不是随机地增加手部动作来维持球杆的加速度。这有助于防止杆头停留，可以迅速释放。如果是全挥杆，就会击出最大距离。

　　当球员向前挥杆转向前侧脚时，最推荐的方法是上杆的幅度与收杆的幅度保持相等。8：00 的上杆应该到 4：00 结束；9：00 的上杆应该到 3：00 结束；10：00 的上杆应该到 2：00 结束。球员的注意力应该集中在将杆头摆动到所需的结束位置上。

　　有些教练认为，球员不应该有意识地试图阻止球杆停在某一特定地方。他们认为最好是让下杆的动量根据上杆的幅度来控制，也就是像全挥杆一样收杆。

　　无论球员选择采用哪种收杆方式，他都需要确保球杆杆头进入击球区域的速度保持一致。在撞击之前或之后，杆头的任何减速都会产生不一致的结果。

图 2.78　完全立腕，手臂和手腕大概形成 90°

图 2.79　收杆幅度和上杆幅度匹配

图 2.80　或者像全挥杆一样

图 2.81　球员要确保击球之前球杆是加速的

◎根据不同的球位和条件做出调整

得分杆在比赛中最重要的是控制距离。风是影响击球结果的重要因素之一，因为得分杆没有全力击球，所以风会对球的飞行产生更大的影响。当在有风时击球，应该将球位稍微向后侧角移动一些，这样有助于降低轨迹和保持击球向下。在顺风和逆风的情况下，击球距离会有很大的不同。

当球员在很差的球位击球时，球员应该将球稍微放到后侧脚，挥杆的轨迹会更加有利于击中球，这将导致球在果岭上滚动距离有变化。球员需要在得分杆击球时学习使用不同的球杆，去得到不同的结果。

◎总结

虽然许多球员会不断练习一号木，但球员杆数通常取决于他在 100 码内"上果岭"的击球能力。大多数球员能够很好地控制杆面来控制方向，而 100 码以内的距离控制是大多数球员（专业和业余）在高尔夫比赛中得分时遇到的困难。关键是要采用一种可重复的方法并不断练习，直到你对这种方法产生的结果感到满意为止。这种感觉不会在一夜之间出现，但是你应该相信，这是一种非常有效的练习得分杆的办法。

◎得分杆的练习方法

上杆幅度与击球距离练习：根据 8：00、9：00、10：00 不同的上杆幅度打得分杆时，打出同一支球杆的不同距离，练习时球员务必保证每次挥杆的节奏是一样的（图 2.82）。

图 2.82

第三章

短杆进阶原理

Champs only!

◎介绍

在短杆的介绍中，我们涵盖了推杆、劈起杆、切杆、沙坑杆和得分杆的基本动作，这是非常重要的。高尔夫球员通过系统的学习这些基本动作，可以面对不同情况下的短杆击球，这是在高尔夫球场上降低杆数的第一步。有一个基本健全的程序和较少的补偿动作将更容易提高击球的稳定性。除此之外我们还需要在上杆和下杆中不断调整。在开始的时候调整好站位能够帮助球员在更短的时间内创造出更好的更一致的结果。一致的身体的角度和球的位置可以让击球动作保持一致性，从而得到很稳定的击球效果，这种方法比那些选择"自己的方式"要打得好很多——特别是如果"自己的方式"在他们每一次踏上不同的高尔夫球场、将球放在不同的位置，并与球杆形成一个奇怪的角度时，就会导致球员挥杆过程中很难做出正确的动作，球员会意识到这样很难达到预期的击球效果。

仅仅学习一些基本的技巧，就可以大大减少一个球员在 100 码之内击球的次数，但这并不是一个完美的答案。遵循这些基础将增加球员上果岭的概率，但几乎每一轮球员都将面对困难球位的情况（图 3.1），这就需要调整落点、弹道、球杆选择，给球员创造打好下一杆的机会。

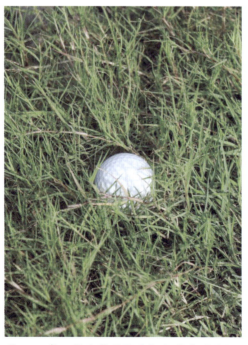

图 3.1　每一轮球员没将球打上果岭的时候，球位不一定很好

短杆的进阶原理是下一个阶段要学习的知识。在短杆的击球过程中学习做一些轻微的调整，同时仍然坚持基本动作是让球更接近洞的第一选择。向前、向后移动球位，改变球杆，或基于球位选择不同的落点，都可以改善击球的效果。接下来我们还将介绍一些新的技术，可以在传统击球的基础上使用。但请记住，其中的一些技术被认为是非常冒险的，应该只在没有其他选择的情况下使用。最后一个忠告是，不可能让每一个击球都击上果岭，因此，每个球员都要学会自己判断以及调整心态。

第一节　数据统计

目前高尔夫运动对球员比赛数据的收集越来越重视。大量客观的比赛数据对赛后球员进行各方面的技术反馈，起到非常重要的作用。通过分析这些数据，球员可以很清楚地知道自己的各项技术的优势和缺陷，为球员下一阶段训练和比赛提供明确的方向和清晰的指导，是球员弥补技术缺陷和比赛打出好成绩的重要保证。

目前谈到收集短杆数据方面，美国的戴夫·佩尔兹多年来一直是无可争议的领导者。他在美国职业高尔夫球巡回赛（PGA TOUR）上跟随选手，走很远的路去收集数据。1999年在美国出现的 ShotLink，这是一种基于激光的跟踪系统，为美国 PGA 巡回赛上的球员击球结果收集很多准确的数据。该系统在 2001 年春季进行了一次限量的发布，现在它已成为世界高尔夫球运动关于击球结果类别研究的标准。佩尔兹多年来利用收集到的数据一直进行研究，他除了收集职业球员的数据外，还对业余高尔夫球手进行数据收集和研究，这样方便与职业球手进行比较。通过大量数据的对比研究，他发现：不管球员的能力如何，当推杆距离小于 4 英尺时，两者之间的差距并不大；大多数球员在 10 英尺距离上推两杆，但是不同的是，优秀的推杆选手在这个距离上优势很大；95% 的推杆推不进都发生在 21 到 50 英尺的这个距离；在 50 英尺以外，大多数高尔夫球手可能会出现三推杆。

美国职业高尔夫球（PGA）巡回赛选手与差点为 36 的球员在 1~10 英尺推杆数的差异只有 21%，但 21~50 英尺推杆数差异显著增加，10~14 英尺差点组经常会 2~3 推，可能是巡回赛职业选手的两倍。为了更好地说明问题，本书有针对性地选取了 PGA 巡回赛球员在推杆与短杆方面的一系列数据（表 3.1—表 3.3）。

表 3.1　美国 PGA 巡回赛球员推杆得分率统计

Handicap Level	Percentage of 1−putts from 4−10 feet	Percentage of 3−putts from 21−50 feet
PGA Tour	55%	9%
0 - 2	50%	10%
3 - 5	46%	13%
6 - 9	45%	14%
10 - 14	41%	20%
15 - 19	37%	23%
20 - 24	36%	25%
25 - 29	35%	29%
30 - 36	34%	44%

表 3.2　美国 PGA 巡回赛推杆数据统计

PGA TOUR Putting Statistics				
Putts Under 5 ft				
Rank	Player	Rounds	%	ATT	Made
1	Luke Donald	79	98.18	823	808
2	Fredrik Jacobson	83	98.12	1 009	990
T99	K.J.Choi	65	96.15	728	700
T99	Parker McLachlin	71	96.15	910	875
183	Will MacKenzie	69	93.11	929	865
184	Kirk Triplett	60	92.16	829	764
4	Tiger Woods	62	98.08	676	663
T154	Phil Mickelson	63	95.32	705	672
Putts 3 - 5 ft				
Rank	Player	Rounds	%	ATT	Made
1	Luke Donald	79	94.24	191	180
2	Ben Crane	93	94.10	305	287
101	Justin Rose	71	86.56	186	161
102	Lucas Glover	93	86.51	252	218
182	Jonathan Byrd	89	78.10	274	214
183	Will MacKenzie	69	76.86	229	176
184	Ricky Barnes	67	75.58	172	130
4	Tiger Woods	62	93.26	178	166
109	Phil Mickelson	63	86.27	204	176
Putts 5 - 10 ft				
Rank	Player	Rounds	%	ATT	Made
1	Aaron Baddeley	66	64.96	254	165
2	Joe Ogilvie	85	64.17	321	206
100	Steve Flesch	77	55.44	294	163

续表

Rank	Player	Rounds	%	ATT	Made
T101	Chad Campbell	90	55.41	296	164
T101	Vaughn Taylor	88	55.41	314	174
183	Tom Lehman	55	45.67	127	58
184	Ricky Barnes	67	44.72	199	89
9	Tiger Woods	62	62.09	182	113
130	Phil Mickelson	63	53.81	197	106
10 - 15 ft					
Rank	Player	Rounds	%	ATT	Made
1	Matt Bettencourt	98	39.38	259	102
2	Bryce Molder	69	39.13	161	63
99	Marc Leishman	91	29.73	222	66
100	Chris DiMarco	97	29.66	236	70
182	Vijay Singh	71	21.79	151	32
183	Gary Woodland	53	18.87	106	20
184	Jay Williamson	69	16.49	188	31
67	Tiger Woods	62	31.62	136	43
T17	Phil Mickelson	63	35.38	130	46
15 - 20 ft					
Rank	Player	Rounds	%	ATT	Made
1	Stephen Ames	77	33.04	115	38
2	D.A.Points	99	27.33	161	44
98	Angel Cabrera	55	17.95	78	14
99	John Mallinger	90	17.93	145	26
100	Camilo Villegas	76	17.92	106	19
182	Ernie Els	70	10.84	83	9
183	Rich Beem	77	9.17	109	10
184	Tommy Armour	58	8.57	105	9
139	Tiger Woods	62	16.18	68	11
170	Phil Mickelson	63	13.48	69	12
20 - 25 ft					
Rank	Player	Rounds	%	ATT	Made
1	Fredrik Jacobson	83	21.3	108	23
2	Bo Van Pelt	100	21.19	118	25
99	Briny Baird	89	12.15	107	13
100	Gery Kraft	51	12.07	58	7
182	Heath Slocum	95	3.39	118	4
183	Tom Lehman	55	3.28	61	2
184	Fred Couples	54	3.23	62	2
133	Tiger Woods	62	10.14	69	7
T84	Phil Mickelson	63	12.5	64	8

续表

Outside 25 ft				
Rank	Player	Rounds	%	ATT	Made
1	Brad Faxon	59	9.09	209	19
2	Ted Purdy	101	9.07	397	36
100	Kirk Triplett	60	5.33	225	12
101	Michael Letzig	96	5.31	339	18
183	Jeff Maggert	79	2.3	305	7
184	J.B.Holmes	74	1.61	248	4
T11	Tiger Woods	62	7.55	212	16
73	Phil Mickelson	63	5.88	187	11

3 Putt Avoidance				
Rank	Player	Rounds	%	Total
1	Bob Heintz	59	1.60	17
2	Jim Furyk	86	1.67	25
3	Brian Gay	96	1.68	29
T99	Dustin Johnson	85	2.98	45
T99	Kevin Sutherland	96	2.98	51
T101	Lucas Glover	93	2.99	50
183	Robert Allenby	71	4.92	62
184	Kirk Triplett	60	6.02	65
18	Tiger Woods	62	2.06	23
T70	Phil Mickelson	63	2.73	31

表 3.3　美国 PGA 巡回赛球员短杆数据统计

PGA TOUR Approach Short Statistics					
50-75 yds					
Rank	Player	Rounds	Avg distance	Total ft	#Attempts
1	Brandt Snedeker	81	10′ 0″	219.75	22
2	Brad Adamonis	70	10′ 6″	167.58	16
T98	Michael Letzig	96	15′ 10″	395.75	25
T98	Joe Ogilvie	85	15′ 10″	459.83	29
T98	Kevin Stadler	65	15′ 10″	269.83	17
182	Charles Warren	63	24′ 0″	456.58	19
183	Ryan Moore	89	24′ 6″	441.00	18
184	Matt Bettencourt	98	24′ 8″	419.75	17
T11	Tiger Woods	62	12′ 0″	192.00	16
T115	Phil Mickelson	63	16′ 9″	317.50	19
75-100 yds					
Rank	Player	Rounds	Avg ft	Total ft	#Attempts
1	Steve Stricker	81	13′ 0″	1 038.50	80
2	Sergio Garcia	59	13′ 2″	369.417	28
T100	Spencer Levin	75	17′ 10″	819.917	46

续表

Rank	Player	Rounds	Avg ft	Total ft	#Attempts
T100	Bubba Waston	73	17′ 10″	642.917	36
183	Peter Tomasulo	61	24′ 1″	771.333	32
184	Angel Cabrera	55	25′ 6″	662.75	26
T26	Tiger Woods	62	15′ 5″	384.917	25
T112	Phil Mickelson	63	18′ 4″	514.083	28

100 - 125 yds					
Rank	Player	Rounds	Avg ft	Total ft	#Attempts
1	Tim Clark	81	14′ 3″	1 237.92	87
2	Ryuji Imada	85	16′ 2″	1 328.92	82
T101	Derek Fathauer	63	20′ 1″	1 183.17	59
T101	Tim Petrovic	97	20′ 1″	2 447.50	122
183	Andres Romero	58	26′ 1″	1 410.08	54
184	Matt Jones	56	26′ 10″	1 743.25	65
T47	Tiger Woods	62	19′ 0″	874.833	46
T64	Phil Mickelson	63	19′ 4″	1 314.75	68

125 - 150 yds					
Rank	Player	Rounds	Avg distance	Total ft	#Attempts
1	Bob Heintz	59	18′ 8″	2 142.08	775
2	Mark Brooks	55	18′ 10″	1 373.17	73
T97	Matt Kuchar	82	22′ 9″	3 596.83	158
T97	Webb Simpson	94	22′ 9″	4 419.08	194
T97	Kirk Triplett	60	22′ 9″	2 779.00	122
183	Parker McLachlin	71	28′ 6″	3 474.92	122
184	Scoot McCarron	91	28′ 9″	5 088.25	177
19	Tiger Woods	62	20′ 5″	2 081.08	102
T97	Phil Mickelson	63	22′ 9″	1 839.83	81

From inside of 75 yds					
Rank	Player	Rounds	%	Grn Hit	ATT
56	Tiger Woods	62	89.51	128	143
176	Phil Mickelson	63	83.33	125	150

From 75 - 100 yds					
Rank	Player	Rounds	%	Grn Hit	ATT
134	Tiger Woods	62	75.86	25	33
143	Phil Mickelson	63	74.47	28	38

From 100 - 125 yds					
Rank	Player	Rounds	%	Grn Hit	ATT
27	Tiger Woods	62	79.31	46	58
T80	Phil Mickelson	63	76.00	68	89

From 125 - 150 yds					
Rank	Player	Rounds	%	Grn Hit	ATT
62	Tiger Woods	62	72.52	102	141
178	Phil Mickelson	63	62.60	81	129

对于高水平的竞争，上述所有数字都是相当惊人的。其中一个比较有趣的是，伍兹在2009年总共打了62场比赛，相当于1 116洞，总共打了4 286杆，然而他在75~125码只有91杆（每场1.4杆，占总杆数的2.1%）。在125~150码，他总共有141次击球（平均每场2.3杆，占总杆数的3.2%）。菲尔·米克尔森（Phil Mickelson）打了63局（1 134洞，4 486杆），在两个不同的距离有相似的数字，在75~125码有127次（每场2.0杆，占总杆数的2.8%），在125~150码有129次（每场2.0杆，占总杆数的2.9%）。这两名球员都在150码外的果岭击球，因为当你把他们在75码内的数字加起来时，伍兹的4 266次击球中，有143次是在果岭外和150码内完成的。这相当于他2009年总击球数的8.7%。米克尔森在75码外击了150次球，总共击了406次球，使他今年的命中率达到了9%。算上668个开球，伍兹的平均得分为173.8码，而菲尔·米克尔森在707个开球后以163.9码的优势领先9.9码。

这些统计数据很有趣，也很有用。大多数高尔夫球手不知道他们的弱点是什么。如果没有准确的数据来验证，大多数人会认为这只是他们打球的一部分，而实际上它可能是一个完全不同的领域。通过跟踪球员的击球结果，球员能够认识到他擅长的区域，充分发挥擅长的部分将帮助球员最大程度地减少他的杆数。大多数球员都希望能够打得更远更直，并且认为他们的切杆和推杆已经打得够好了。

有些球员会因为一号木的问题而无法发挥潜力，但最常见的情况是，在果岭附近的击球会导致杆数更多。对于球员来说，找出短杆击球所擅长的离洞距离以及提高短杆的成功率是非常重要的。球员可以使用美国职业高尔夫球协会巡回赛球员的数据作为参考点，但

图3.2　长杆短杆一起练习，会让球员在果岭边发现很多种打法

图3.3　一边练习一边学习会是很好的进步方式

不应按同一个标准要求自己，因为球场的难度、比赛的总长度以及果岭状况通常都是不一样的。因为普通球员与世界上最好的运动员所花的练习时间是不能相提并论的，所以一定要做好心理准备，接受自己打出的结果（图 3.2、图 3.3）。

第二节　力学

◎ 理解力学

　　当我们看高尔夫比赛球员用短杆攻击果岭时，我们需要观察三个不同的方面。首先需要看的是球的飞行轨迹。当球朝着目标飞行时，球的轨迹可以提供大量关于球员击球时的信息。我们知道球的飞行轨迹是由球杆杆面决定的，而在击球时杆面的状态则是由身体的运动控制。通过这种对球的飞行轨迹的逆向分析，我们可以了解球员在击球动作方面的一些情况。把球的飞行轨迹与击球前的球位关联起来是让球朝着正确方向飞行的第一要素。第二要素则是要观察球位与目标的位置关系，球是否停在了目标位置？或是向左或右偏离了目标？还是距离不够或过远了？最后一个要素就是观察球向目标运动的轨迹，例如：球的抛物线是否在正确的位置达到了最高点。通过探索这些问题，我们可以进入关于杆面击球时的状态以及击球力学的分析和探讨。

　　除了球杆本身，球杆力学要素还包括球员的手和手臂。一个快速改善球的飞行轨迹的方法是改变击球时的杆面状态，而不是调整挥杆轨迹。在低速挥杆时（如推杆），杆面状态将会对出球方向产生大约 87% 的影响，而在高速挥杆时，杆面状态对出球方向的影响占比会有所降低，但总的来说还是杆面状态比挥杆轨迹更重要。击球时的杆面状态还会使球产生旋转，当击球点在球的轴线左侧或右侧时会产生左旋或右旋（即左曲球或右曲球），而沿球的轴线由上往下击打则会产生倒旋。在任何时候，如果杆面与挥杆轨迹不垂直就会使球产生侧旋。

　　挥杆轨迹在球的飞行轨迹里面是一个重要的影响因素（图 3.4）。挥杆轨迹应该始终保持在一条线上，从目标线的内侧到目标线的下方，再回到目标线的内侧。手臂轨迹、杠杆系统的数量和节奏会导致杆面轨迹的变化。挥杆平面作为挥杆过程的一个重要组成部分也是不可忽视的。当球杆开始时挥得越好，在球员的身体周围保持的弧线越正确，就不需要或者只需要很少的补偿动作来获得更好的击球位置。减少补偿动作会使击球结果更加稳定。

当力学被单独用来讨论的时候，我们就需要研究球杆为什么会产生这样的力学效果。就需要考虑身体力学的六个因素，除包括姿势、脊椎角度、上杆和下杆的中心点外（图3.5），我们还要检查平衡、身体转动以及运动顺序。这样做的主要目的是在整个挥杆过程中更好地运用力学原理来进行分析和研究。

图 3.4　球员的挥杆轨迹也是控制球的飞行方向一个重要因素

图 3.5　脊柱角度和挥杆的中心点是六个力学因素中的两个

　　首先我们看姿势，在此基础上，我们同时还要检查一下瞄准。手臂要放松下垂，头部的位置、脚跟、膝盖、臀部和肩膀都要在正确的瞄准方向上，为整个站姿提供一个可以发力的基础。身体的角度应该是向前倾斜，手自然下垂，适当的弯曲角度更加利于球员上杆的旋转。如果身体角度太大，证明站得太高，整个挥杆平面就会比较平，想要击球时杆面回到击球点，就需要补偿动作。

　　第二个看的是脊椎角度，看身体是不是向远离目标的方向倾斜（向后侧脚倾斜）。在准备的过程中，胸骨应该在更加靠近前侧脚的地方，右边肩膀稍低于左边（图3.6）（右手球员），这样球员更容易转动而不是把球杆抬起来。球员上杆的时候应该围绕着后侧脚转，下杆的时候应该围绕着前侧脚转。

　　在整个挥杆过程中，平衡给了球员一个更好的机会来进行合适的力学运用。在准备的时候，球员需要保持脚尖、脚跟和左右脚的平衡。这样在动态挥杆的时候才能更好地发力。在整个挥杆的过程中，无论什么时候失去平衡，都会让球员的动作更加复杂并且很难保持击球的一致性（图3.7）。球员收杆能够保持平衡并不意味着他在整个击球过程中都保持了平衡，但它可以证明球员在挥杆过程中控制身体力量做得很好。球员应该在上杆的时候把重心转移到右边，在下杆的过程中把重心转移到左边。短杆要求的重心转移比全挥杆少，短杆不需要额外的力量，所以球员可以更多地关注平衡。

图 3.6　第二个脊柱角度是左右方向的倾斜

图 3.7　如果一个球员击球时失去平衡，他就需要做出补偿动作来击中球

当球员的上杆和下杆围绕着一个中心点旋转的时候，其他的部分也会跟着旋转。在上杆的过程中，肩膀围绕着脊椎旋转，在肩膀旋转的过程中，手臂也会被带动，形成一个平面；在下杆的过程中，上半身比下半身旋转得慢。对于短杆来说，肩膀和手应该在下半身转动后再开始转动。

总的来说，对于短杆，身体、手臂以及球杆的运动顺序并没有全挥杆这么明显。通过人的视觉，它们看起来更像同时运动的。在整个挥杆的过程中，手臂和肩膀形成的三角形应该在挥杆中始终保持一致。

第三节　切杆进阶

◎介绍

与全挥杆相比，研究短杆的人并不少，有些人一生都在研究短杆。他们的研究总结出了一些经验：第一个就是在切杆的时候使用低弹道，会产生更直更稳定的球。所有的球杆都会有一定的弹跳，这是击球中必须考虑到的因素，尤其是球位在斜坡上时。当在同一个斜坡用不同的球杆练习时，你会发现左右方向的影响也很明显。用高角度的球杆，球滚动的距离和方向变化会更大，高角度的球杆击出的球可能直接停在洞边，甚至进洞。但经过成百上千的数据统计会发现，低角度的球杆更具有稳定性。

图 3.8　没有很多后旋的切杆会让球更加稳定地滚动

图 3.9　球位可以向后侧脚移动来帮助球员更好地击球

这两种击球的差异有一个基本因素，球杆角度导致的倒旋（或者手部多余的动作）引起击球的不稳定性，导致距离和方向上的差异。一般来说，球杆角度越高，即使没有手部的补偿动作，击球点越低，倒旋越多，球的着落点对球的影响越大。低弹道的球伴随更少的倒旋，着落点对球的影响越小（图 3.8）。

此外，即使没有侧旋，球的倒旋也会导致进一步的反弹。侧旋降低了切杆的稳定性，无论是左边还是右边的侧旋都会影响切杆的结果。所以用低角度的球杆切杆，并且在击球的时候保持杆面方正，会让球的稳定性更加高。但也不是每次击球都选择低角度的杆，如果落点允许，球员也可以选择高角度的球杆。

◎决定

选择正确的切杆击球需要球员考虑到很多因素。首先应该要考虑的当然是球位。想要球靠近洞，最重要的是看击球后球的飞行以及落地后的滚动。好的球位会大大提高击出好球的可能性，球员应该选择更基础的站位以及切杆，使用能够打上果岭的球杆，并且选择更低的弹道以及更少的旋转，提高击球的稳定性。

当球紧挨着地面，周围没有什么草的时候，就要调整球的位置了（图 3.9）。球员应该有一个心理准备，他所击出来的球可能没有想象中那么容易靠近球洞（降低期望值）。打这种球时，球的位置相对正常球位需向后侧脚移动一到两个球位来确保能够打中球。球位后移会降低击球角度，产生一个较低的弹道，但由于击球方式变得更陡峭，导致击出的球产生更多下旋，所以这时候球员需要选择一个更大角度的球杆来击球。同时这种情况下需要记住：控制击球距离比增加球的下旋更加重要。

　　球周围草比较长也会给球员一个比较大的挑战。球周围的草会对球杆起到一个缓冲的作用，减少球杆对球的作用力（摩擦力）。击出的球会更低更短，球也不会有很多的旋转。球位、上杆幅度以及选取的球杆角度都会对这种类型的击球产生影响。

　　球和洞之间的高度差也是球员需要考虑的。向球上方的果岭击球比向球下方的果岭击球要多。果岭上的起伏会给球员带来麻烦。无论是上坡还是下坡，球员应该试图把球的落点放到果岭更加平缓的地方，千万不要放到斜坡上。

　　在高尔夫球场上，有时裸地（少草区域）切杆也非常多。通常在果岭周围几码的地方，并且它的高度和果岭差不多。很难用同一支球杆每次都把球打到足够的高度并且让球停在洞边，如果球的落点允许的误差范围很小，击球点就需要近乎完美。有时候打一些滚动更多的球可能让球员更稳定地控制距离。

　　果岭周围很容易出现戏剧性的击球，使得球员陷入困境。击出滚动很多的球是由于球杆没接触到地面，而是直接打到球的中部以上（打薄），地面不能给球杆一个抵触（反作用力），导致球不能停下来。但有时候击出滚动很多的球对于球员来说也是一种选择。

　　在果岭周围会有很多种可能性，我们需要学习用哪些球杆以及技巧来达到最想要的效果。球员在一轮下场中不可能有相同的击球，每次击球的球位都是不一样的。球位和洞之间的地形不同，影响击球的果岭速度、粗糙程度以及起伏都是不同的。除了这些因素之外，球员与对手的成绩的差距也会影响球员选择击球类型。

◎球杆与技术

　　对于离果岭不太远的基本切杆，球员都会尽可能切好。最简单的切击球就类似于推杆。球员可以使用任何球杆（从4号铁到得分杆）进行击球，这些选择主要取决于需要切击的距离、果岭边缘距离球洞的距离、果岭速度以及果岭的硬度。就像前面介绍提到的，低弹道和少旋转会让球打得比较直，距离的稳定性也会相对高。球员可以压低球杆，站得更加靠近球，让球靠近球杆的趾部，减少球杆打到地上的可能性。球员应该更多地用手掌握着球杆，手腕微微弯曲，这样能够让球杆杆面更容易保持方正。球在站位中间，球员可以向下击球，以保持下旋量最少。通过练习用不同的球杆、不同的上杆幅度控制距离，能够让球员知道不同高度球的滚动量的区别，这样球员在打球时就会有优势。

在难度大的球位上，球员应该把注意力集中在击球的精准度上（干净触球）。球员可以使用推杆或更接近推杆的方法，球位应该比原来更靠近后侧脚，以确保球杆向下运动时更容易先击到球。这时球杆击球角度变小，球员需要使用更高度数的球杆来获得击球所需的轨迹。通过帮助球员调整姿势的练习，可以让他们习惯当球放在更靠后侧脚的位置时击球杆面仍然可以保持方正。球员需要降低对这种球的期望，并接受打出的成绩。当在难度大的球位击球时，球员需要调整目标，击出低弹道以及滚动很多的球，有时可能会故意让球弹上果岭而不是直接打上去。

内陷球位（图3.10）会给球员带来其他问题。有时很想知道球的底部到底在哪里？它是直接接触地面还是悬浮在一堆压扁的草上？因为草地会减弱球杆的冲击力，所以挥杆的时间要短一些（击球更加主动），这样才能把球打出正确的距离。草垫会让球飞得低一点，不会使球产生太多的旋转。较低度数的杆可能没有足够的角度将球打出正确的距离，也没有给球足够的速度打向洞。将球杆立在杆面趾部，使用更陡的击球角度，可以减少击球时杆面和球之间的草量。直接接触地面的球把球放在站姿的中间位置，而悬浮在草上的球放到更靠近前侧脚的地方。

球员可以选择落点在果岭外，然后弹到果岭上，而不是把落点直接选择在果岭上。使用这个方法的球员通常会选择铁木杆或者高度数的球道木杆（图3.11）。这种球杆的形状和质量可以让它轻松滑过草地而不被草所阻碍，压低球杆，在击球的过程中使用基本的切球击球法，打出一个低弹道的球。由于没有旋转，球可以向前弹跳滚上果岭。练习这些击球会让球员知道如何准确地使用这一种打法。无论是在果岭边缘，还是在地势相对平坦的地方，或是在果岭边缘的高坡，都有很多球杆可以选择。铁木杆、低度数的球道木、低度数的铁杆都可以用来打这些球。球员按照基本切球的站位，将球放在两脚中间，重心向前侧脚稍微倾斜，球会打出低弹道。球员想要打好这种球，需要在这些击球基础上练习，学会控制距离。当球员从比果岭高的地方切球上果岭时，他可能想要将球落在果岭附近，这样，果岭外较高的草地将会降低击球的速度，球就不会滚得离洞太远。中高度数的铁杆可以用来完成这个击球，这取决于球位到目标的距离，以及击球者希望当球落地时有多快的速度和多远的滚动距离。

在这一节中，我们想要提到的最后一个短距离击球并不是真正的切击球，而是用切杆进行推杆。有时候，球员会发现他的球已经滚到果岭边缘或果岭环。打这种球位最有效的

图 3.10　长草的位置会导致很多击球问题

图 3.11　当球员想把球击上果岭，铁木杆也是一个好的选择

方法之一是"爬球"，这个名字是对冲击力学的生动描述。由于球后的草地阻碍了球杆面与球的干净接触，而球前的草地又会使控制距离变得更加困难，所以球员需要另一个选择：通过使用推杆的站位和切杆的击球，才有机会打出好球。球位应该偏向前侧脚，击球应该是水平的，或者稍微向上一点，但是不能在杆头向下运动的时候击球。当球员击球时，球杆的前缘离开地面对准球的中间，这为击球提供了一个参考点，球员应该用相同的速度和上杆幅度来做一个正常的推杆动作，就像推杆的上杆幅度一样，带有圆底的得分杆会使这种击球稍微困难一些。如果不是完美的击球，任何轨迹和击球的偏差都会让球偏离预定路线向左或者向右飞出。

第四节　劈起杆进阶

◎介绍

当球员的球距离果岭比较远，使用正常的切杆没有办法把球打上果岭进行推杆时，需要用到劈起杆。劈起杆击出的球先在空中飞行一段距离，然后落地后再滚动一段距离，球在空中飞行的时间会比在地上滚动的时间更长。

令人惊讶的是打劈起杆一般不会使用 P 杆。它不受欢迎的第一个原因是它的杆头配置和其他的铁杆并没有太大的区别。P 杆比 9 号铁杆短，比其他的得分杆轻，这种设计使得球杆在低速下挥杆比较困难，特别是球员想在挥杆轨迹的最低点时控制杆面的开放和关闭时。P 杆比其他的得分杆更轻，意味着球员在使用 P 杆打停在长草的球时更加困难。现在的 P 杆角度在 46°~48°，击出的球弹道更低、旋转更少，在较快的果岭以及靠近边缘的旗位中击出的球弹道可能太低或者旋转太少。P 杆不是特别受欢迎的另一个原因是球杆底部的反弹角小（4°~6°），击球时挖地的可能性会增大。

G 杆会比 P 杆受欢迎，G 杆的重量和杆头底部弹性都可以和 P 杆相比，但是杆面角度比 P 杆大，球可以有更高的弹道以及更多的旋转，能打出一个高的，软着陆的球。G 杆的角度为 50°~52°。

S 杆比上面两支球杆更加受欢迎。拥有 55°~58° 的 S 杆会击出弹道更高，更软着陆的球。大的杆面角度让球更容易停在果岭上，能在各种球位中击出更令人满意的球。S 杆的反弹角有 10°~14°，可以让球更容易通过茂密的草。

有些球员会选择 L 杆，L 杆的角度最大，58°~64°。球员可以打出更多旋转，更高轨迹以及软着陆的球。长草球位并不适合用 L 杆打，因为球杆太过短且轻，无法将球击出长草。

球员需要在不同的球位下练习不同球杆的打法来提升他的技术。可以从最简单的球位开始，尽可能减少球位与洞之间的障碍物，选择容错性更高以及着陆点更好的球位。当他能够熟练掌握简单球位的击球时，就可以挑战困难的，选择着陆后更多障碍物的球位，练习更快速的停球。困难的球位有助于球员更好地掌握各种击球的方法，从而获取更大的进步（图3.12）。

图 3.12　在洞和球位之间有障碍物，球员需要选择劈起杆，让球击出更加远的距离

球员通过不断地练习和比赛可以使自己的挥杆变得更加稳定，这样他就可以在每次击球时都尽可能地取得好的效果。学会控制不同的距离，是球员稳定挥杆的第一步，而学会控制挥杆节奏以及上杆的幅度能够让球员学会控制距离以及面对不同的球位。当球员学会控制距离，那攻上果岭把球落在比较平坦的地方，使

得球每次反弹以及滚动都比较相似会变得简单很多。这也避免了让球落在各种类型的斜坡上，出现不同的反弹以及滚动，导致让球员难以控制的局面出现。

◎击球和技术

在果岭周围有很多种击球，在不同的状况下要采用不同的击球方式来达到最好的效果。有时候球员需要让球先在果岭外滚动一段距离后再上果岭，这种击球往往出现在球洞距离果岭边很近，球洞周围前高后低大下坡，果岭上没有落球点或者球滚过球洞后会遇到麻烦等情况。这时就需要击出一个飞行轨迹相比平常更低，又能打出适中距离的球。球位更靠近后侧脚，在上杆的同时稍微立腕，在击球过程中，更多使用手的力量，结合更大的角度（上杆轨迹更加陡峭）让球旋转得更少，击球的效果更好。

有时候球位并不是特别完美，需要击出更高更软着陆的球。球位在两脚中间，手与球对准。球员应该能在这个站位上保持平衡。上杆的同时允许手腕立腕，下杆的同时保持手腕动作，杆面对准球，直到击球完毕。球会产生更高的弹道，更少的旋转，球会停得更快，滚动得更少。

当球员需要打出很远的距离，同时需要快速停球时，球杆角度和弹道可能并不足够得到令人满意的结果。这时候球员需要让球在高空中有更多地旋转。球员应该在胸骨正下方稍微靠后的地方击中球。手臂上杆幅度减少，手腕立腕增加。这能够让球员在击球时更加果断而不用顾虑把球击得太远。击球瞬间手和手腕在球的前面使得杆面角度减少，球会飞得更低并且伴随着更加多的旋转。这种击球应该尽量在短草而且球位在球道正中间，前方近距离的障碍物比较少时进行。

CUT（小右曲切球）的名字不是根据球的飞行轨迹去定义的，而是根据从内侧的挥杆轨迹（相对于目标）定义的。CUT打出的是顺时针旋转的球，球的飞行轨迹是从左到右。这种击球需要不同的准备姿势，身体瞄准目标的左侧，杆面打开，对准目标，重心放在前侧脚，在下杆的过程中维持重心不变。球员需要上更多的杆从而弥补挥杆轨迹不在原来轨道上的力量。这种击球会产生一个更高更多旋转更加软着陆的球。这种击球应该在一个比较好的球位，可以是球道上，也可以是短草上。当球位与目标之间有障碍物的时候，这种击球会变得很难，比如说有沙坑或者水障碍。当球员需要将球停在一定的距离，或者球洞距离果岭边缘很近的时候，才会选择这种击球方法。

◎实用战略

为了更好地运用这几种击球的打法，让我们一起来看看哪种情况会需要用到哪种击球。下面我们将结合不同草坪条件、不同草地以及球员遇到的不同地形来介绍。

当我们在考虑打出旋转的球时，首先要想到球杆角度，然后再考虑其他的因素。看一下球位的情况，果岭是快还是慢，硬还是软，球位是否在上坡，还是在一个比较平的地方，当改变球杆都不能使球落在想要的地方时，球员才有必要开始考虑球的旋转。球落地的地方比较平缓才能最大的旋转。在较硬的地面击球会产生更多旋转，但需要更高的精准度，球杆的反弹角越小越好。

不同种类的球也会导致飞行时旋转量不一样。球越软，倒旋的量越大。两层的硬球的倒旋量非常小，因此球员使用的球也会影响击球。除此之外，球杆的角度也会影响球的倒旋。击球的角度以及上杆的角度都会影响球杆杆面的动态角度。最后一个影响因素是击球瞬间的杆头速度。

草的种类也会影响击球。草越浓密，球杆在击球时越难通过草。同样的，草越浓密，击球瞬间杆面和球之间草越多，这会令球减少很多的速度以及旋转，球的轨迹会很低并且旋转很少。冷季节草类像剪股颖、羊茅草以及早熟禾，在标准的高度 2~4 英寸是最有利于击球的。这些草比较软，叶片较薄，每平方英寸表面的草较少，它们对杆面击球时影响小。百慕大草叶片较大，生长茂密，击球时对杆面阻力很大，它最不受球员欢迎。2 英寸的百慕大草已经可以把球覆盖，3~4 英寸的草中的球会被埋得比较深。

在不同的球位切杆时，球员需要考虑落点以及停点，同样要考虑草的类型以及球的倒旋程度。当球员在长草中击球时（美国公开赛的长草长度有 4~6 英寸长），他需要选择一支更加重的球杆，上杆的幅度要更大，速度更快，握杆要握得更紧。这时候，哪怕只打出 30 码的落点也需要球员全挥杆。击球的瞬间可能会出现很多错误，打厚或者打薄，很难控制距离，在较少倒旋的情况下容易滚动很远，弹道也非常低。

有时候短的粗糙的草也会让球员打不好。常见的一种球位类似于鸟巢，只能见到球的顶端，球周围的草非常的浓密，完全包围着球，球员想要打出合适的距离和控制球的旋转是非常困难的，这种球的击球方式与在长长的草里击球类似。在这种草中击球最大的问题是打不出想要的效果。有时候弹道不理想，打出的距离比目标远；有时候击出的球只是移动了几英尺。遇到这样的球位时，球员应该选择比较安全的落点，选择一个可以让球滚动更多的落点，采用积极主动的方式击球。球员可以选择像打沙坑球一样打这种球。让杆面打开并在球后面几英寸的地方开始击球，并尝试打球的最低点。

在松散的沙地上击球比在草地上要难得多（图 3.13），但有时候可以使用与草地一样的技术去击球，从而获得一个较好的效果。球位如果在沙地上或者稍稍陷入沙面，球员就可以使用沙坑球的打法，打一个有爆发力的球来获得一个好的结果，但是球员需要做一些轻微的调整。如果地面比较坚硬，球员可能要选择反弹角比较小的球杆；如果地面比较软，就需要用反弹角更大的球杆。

　　沙地经常会出现在果岭边，球员需要像打劈起杆一样击球。球员可以使用 P、G、L 杆来击球，并且降低击球的角度，球位靠近后侧脚，击出较低的弹道并获得更多的旋转。

　　有时，球员会面临图 3.14 这样的秸杆或者松针区域，这时候球员击球时需要把球靠近后侧脚，重心稍微向前来减少击球的角度，球员要尽可能地避免挤压球，因为球被秸杆或者松针垫高的情况下可能会导致球没办法获取更多的旋转，击球越干脆，球会旋转得越多。打这种球的时候，球员更多的注意力应该放在控制距离上，并让球滚动到正确的地方。

图 3.13　沙地对球员来说是一个很大的挑战

图 3.14　掩盖物搁在球和地之间，让球员很难将球打起并让它旋转

　　斜坡会给球员带来一定的挑战。无论是侧坡、上坡还是下坡都需要球员调整他的站位、球位、重心以及击球方向。在上坡和下坡时，球应尽量使肩膀与坡度保持平行，这样球杆才能在正确的位置击中球。上坡击球时倾斜不够会导致打薄，下坡击球时倾斜太多会导致打深。球员应该根据斜坡调整站位而不是改变挥杆动作。球杆的角度也应该根据斜坡角度变化。上坡会增加角度，下坡会减少角度。在上坡的球位，球员应该用更小角度的杆，把球更多的放在前侧脚，坡度越大，球位越靠前。下坡正好相反，因为有效的杆面角度会

减少（图3.15），所以球员需要增加球杆的角度，把球放在站位中间偏后侧脚的地方，让肩膀与斜坡平行，从而获得更加精准的击球效果。

图3.15 下坡的球位会减少杆头的击球角度

对于侧坡，球员要记住杆面一定程度上会指向垂直斜坡的地方。人低球高的球位会让球员打向左边，人高球低的球位会让球员打出向右的球。还有一个需要关注的点是，斜坡的角度越大，球的左右偏差也会越大。球员可以简单地调整瞄准的方向，或者改变球的位置，让杆面对准目标，从而把球打向想要的地方。球员还可以选择强势握杆，瞄准时让球杆杆头的根部离开地面，杆面直指目标，不需要关闭。

不同高度的击球，球员也需要做出细微的调整。当果岭在上方时，球落地会更加平稳但滚动较多。球员需要选择更多的球杆角度或者改变落点来适应更多的滚动距离。球员也可以在练习的时候打旋转球，看看能够控制多少。当果岭在下方时，击出的球着陆更软，滚动不会太多，这时球员可以选择角度更小的球杆，减少旋转，或者改变落点。

当你的球没有打上果岭的时候，难度会更大，你需要用劈起杆打法才能将球打上果岭。要想在击球前准确选择哪种击球方式和击球策略，唯一的办法是对自己的能力有一个比较好的认知，你需要不断练习，练习不同的球位、不同的球杆、不同的落点，并且总结、评估自己的能力，这些都能为你打好这种类型的球奠定坚实的基础。

第五节 沙坑进阶

◎介绍

当研究美国 PGA 巡回赛关于沙坑的统计数据时，我们可以注意到一些具体的数字：沙坑击球的最好的平均距离是离洞 7.4 码，最远的是 13.1 码，平均在 9.4 码左右。这组数据涵盖了果岭边沙坑所有的球位还有击球的距离。最令人惊讶的数据是：一轮里面领先球员的数据，在数据中前面的球员有 22 个是每轮击沙坑球少于一次的，平均是一轮击 1.27 次沙坑球，没有一个球员是平均一轮击 2 次沙坑球的。所以，PGA 巡回赛中的球员不仅是擅长打沙坑球，而且还懂得怎样去避开它。

很多球员会发现他们经常打沙坑球，而沙坑球打得越多，就越容易遇到比较差的沙坑球位，这些球可能会落在沙坑上坡、下坡或者侧坡等区域，一旦球位靠近高的沙坑壁，球员就需要把沙子和球打很高来越过沙坑壁上到果岭。还有就是球陷入或者半陷入沙子中的情况，球员就要思考怎么去克服。球员只有不断地练习才能从容面对和解决各种困难的球。

◎不同情况和不同技术

对于巡回赛职业球员来说，从开球到球最终进洞中间会有一段很长的距离需要用到不同的高尔夫击球技巧，正确地掌握这些技巧并能在不同情况下运用它是有困难的，就比如说打果岭边的沙坑球并让球接近洞就非常困难。通常情况下，球位好的时候，打同样的距离，沙坑需要的力量是草地上的三倍，距离越远，需要的力气越大。对于长距离的沙坑球，大角度的 S 杆和 L 杆等高角度球杆有时候是打不上果岭或靠近洞的，哪怕上杆非常多，下杆速度非常快也很难达到很好的效果，这是因为沙子的阻力和摩擦力非常大，它们会使球杆的速度变慢，以至于无法产生足够的能量将球击得足够远。在这种情况下就需要用到低角度的球杆，比如 9 号铁杆或者 8 号铁杆。在用这种球杆打沙坑球时，球员的准备姿势和打得分杆时一样，但击球时需要采用在球道上的击球方式，并且在距离球前 2~3 英寸的地方入沙。因为低角度的球杆反弹角小，很容易打深导致力量损失，而且击球时球杆处于水平位置的距离非常的短，所以球员在击球时要特别小心。经常练习有助于让球员找到每次击球时球杆的正确位置和击沙的深度，并根据挥杆的幅度和沙子的不同类型来决定击球

图 3.16 当沙坑壁很高的时候，球员需要打开杆面，增加球杆杆头击球的角度

的距离。同样的，球员也会知道在不同的果岭上球的滚动距离是多少。

球员要打靠近高沙坑壁的球时（图 3.16），首先要选择可以打出沙坑并能把球打得更靠近球洞的球杆，而在挥杆方面最简单有效的方法是站位宽点，膝盖弯曲多点，让自己处于更低的位置。站位宽是为了让下半身更加稳定，方便使用上半身或者手臂的力量挥杆，这样不仅提升了击球的准确性，而且在挥杆时能够保持身体重心不变，这样更容易做出一个 "V" 型的陡峭挥杆，而不是 "U" 型的扁平挥杆，使球的起飞角度更高，更好地飞出沙坑靠近球洞。球员还可以打开他的站位和球杆的杆面来增加球杆的击球角度，使球出沙更容易，飞得更高。

陷入沙子的球位，通常使很多球员感到困惑与恐惧。事实上，如果球员在击球时可以让沙坑杆前缘触到球的底部，并且击球时保持杆面有一定的向上的角度，球就会向上向前移动。根据球陷入沙子里的深度，球员可以使用几种不同的选择。我们将讨论三种不同的选择：关闭杆面、开放杆面和杆面方正。三种选择会导致不同的结果，但是它们都比普通沙坑球需要更多的力量，并且因为球杆杆面与球之间的沙子更多，杆面和球的摩擦会减少，球的旋转量会相应的减少，所以击出来的球弹道低，滚动距离会很长。

打开杆面的方法让球员有机会像普通沙坑击球一样开始击球。使用反弹角小的球杆将有助于球员在击球过程中顺利地穿过沙子。根据球洞距离的远近决定球杆杆面的打开程度，挥杆轨迹从里到外，球位于胸骨正中心（挥杆中心）位置的正下方，挥杆过程中保持重心一直放在前侧脚，使用 "V" 型挥杆，击球时杆面的前端保持在球的下面，更多更早的立腕能够确保球杆有足够的能量通过沙子，从而把球打出沙坑。因为沙子的阻力，所以会用到很大的力气去挥杆，切忌刻意去收杆，做到自然就好。

关闭杆面的方法可以让球员对沙坑击球的物理理论有一定的认知。当我们使用 "关闭" 这个术语时，意味着要关闭球杆杆面将近 45° 左右，这时候球员需要让球杆杆面底部和上部平行，或者底部比上部更加靠前，这个动作能让杆面面积更小、更陡峭，能够击出更多沿着杆面和目标方向之间的沙子。球员应该瞄准目标的右边（右手球员）。站位应该与正常的劈起杆一样，起飞角同样需要陡峭，球员要把重心放在前侧脚，球应该放在胸骨的正下方或者第二根脊椎的下方，挥杆轨迹与劈起杆一样，从内侧到方正再到内侧，或者最坏的情况下，稍微由内到外。击出的球弹道比较低，而且很可能会有一些从外到内的旋转（对于右手球员来说是从右到左）。

　　在所有陷入沙子的球位中，那些被沙子紧紧包裹着的球是最容易从沙坑中打出来的，因为球与沙子非常靠近，所以在击球过程中沙子向球传递的能量相当高。而沙坑"荷包蛋"的情况正好相反，在击球过程中沙子会溅起到空中，从而远离球，从沙子到球的能量传递损失明显。打这种球需要更多的力量，同时也需要球杆杆头挖得比较深，球位于胸骨的中心点正下方的后面（靠近后侧脚），手在前，重心一直保持在前侧脚。上杆时更快更早的立腕形成一个比较陡峭的上杆。下杆时球员要把注意力放在是否把球打出沙坑，而不是把注意力放在杆头有没有把沙子打出沙坑。

第六节　高吊球和高抛球

　　有两种高球是巡回赛职业球员们经常使用的，一种是高吊球，另一种是高抛球。这两种球的打法区别在于：高吊球会更多使用身体转动，尽可能少地使用到手腕和手臂的动作；而高抛球更多的是使用手臂、手腕以及手的同时，尽可能减少身体的转动。在这两种击球中，高抛球比高吊球需要更加精准，所以难度相对更大。当球员把球击到空中，球的弹道以及精准性都非常好，并像棉花糖一样软着陆在旗洞边 1 码左右的位置时，这时候就会获得更多的机会。这种击球可以无视洞边的果岭是否宽或者窄；果岭草是否太硬或者太软；果岭上是否有球印；旗位是否在果岭下坡的边缘或者是果岭中间上坡的地方等。但在使用高抛球这种击球方式之前，应该尽可能地选择别的击球方式，

图 3.17　打高球的时候很容易犯错误，只有在必要的时候才使用这种技术

这种击球一旦出错会导致某个洞的成绩增加 2~3 杆的概率非常高（图 3.17）。

使用高抛球这种击球的情况是球在果岭边（劈起杆的距离），并需要击出一个高轨迹、软着陆，不需要向前滚动的动力的球。采用这种方式击球时，球位决定了球员是否能击出好球。球位不好有可能限制球员的正常发挥。这种击球也被命名为 "小概率事件" "孤注一掷" "成或不成" 等称谓。在这些词语中可以看出，当球员非常需要减少一杆或者前一击没有按照计划完成，已经没有足够的洞可以补回这一杆的失误，这时候球员才需要考虑这一种打法。正常来说，球员打 4~5 轮球才会使用到 1~2 次这样的击球。如果球员在一轮的过程中使用了 4~5 次这种方式的击球，就可能会对他的这轮成绩造成更多不必要的打击。

虽然你已经知道不能过于频繁地使用高抛球，但是现在我们需要讨论一下这种击球的技术，让你更好地理解，以便当你在某个比赛中必须要采用这种击球方式的时候，有一个正确的技术指导，从而打出高质量的球。

为了更好地理解高抛球击球的概念，我们假设（图 3.18）击球时杆面角度为 80° 和两种杆头速度：一种是 30 英里每小时，另一种是 60 英里每小时。从图中可以看出，不管球的速度如何，在垂直的角度上，球都是垂直向上和垂直向下的，区别在于球飞的高度。当杆面角度固定时，杆头速度越快，不仅球飞得更高，而且飞得更加远。根据这种特征我们可以通过控制杆面角度来有效控制球的飞行距离，通过增大杆面角度，并使用更快的杆头速度，可以打到相应的距离，并且球落地后滚动的距离会相对减少，控制杆面角度可以让球员更加放心地挥杆击球而不用担心把球打得太远。

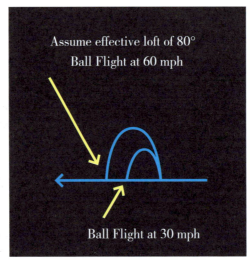

图 3.18　不同角度和杆头速度会产生比较稳定的距离

◎ 两种击球

　　高吊球应该是更多人会选择的一种击球方法，但是它不能完成全部范围内的击球，而高抛球正好可以弥补这一缺陷（图 3.19）。高吊球更加安全，只要球员多加练习，大部分人都能够掌握，能为球员获得很多上果岭的机会。球员会更少地用到手腕和手臂，而更多地使用到身体的转动以及自然地摆动（图 3.20）。挥杆的轨迹更加接近于"U"型，并且幅度为全挥杆的 70%~80%，球员需要把杆面打开，这时候瞄准线也需要打开，从而补偿到杆面，收杆应该沿着身体的瞄准线。从目标的角度来看，会在球员内侧下杆。只有通过不断练习才能让球员更好地控制杆面以及击出正确的高度和距离。这种击球对于球位在短草或者中长草中比较有效。

图 3.19　杆头角度很大的时候需要很大的力量才能将球击出远的距离

　　高抛球，就像之前提到的，挥杆使用更多的是手臂和手腕，减少使用身体的转动（图 3.21）。球员应该按照沙坑的站位。身体瞄准和杆面都应该打开，杆面越打开，击出的球更高，并且能够软着陆。重心在前侧脚，球位在挥杆轨迹的最低点，握杆更低一点，这样可以挥出一个"V"型的轨迹，当球员上杆时，重心应该保持在前侧脚，更早并且更充分地立腕。高抛球的下杆轨迹像高吊球一样应该更靠近球员身体一侧，球员在下杆的同时应该保持杆面打开，额外的角度以及旋转会让击出的球比高吊球飞得更高，旋转更大。在长时间寒冷的比赛季节中，有时选择高抛球是非常有效的一种尝试。由于这种击球方法需要额外的补偿动作，所以球员需要非常多的练习才能熟练掌握。

图 3.20

　　球员掌握这两种打法能够有效地降低杆数，但这两种打法都需要大量的时间和精力来练习。考虑到这两种击球方法只能偶尔使用，球员应该花更多的心思在果岭周边练习其他击球方法，更加熟练地掌握果岭周边击球的各种短杆打法来帮助他们提高成绩。

图 3.21　高抛球使用的是手臂的力量，球应该飞得高并软着陆，但需要大量的练习

参考文献
CANKAO WENXIAN

［1］耿玉东.高尔夫挥杆原理［M］.北京：北京体育大学出版社，2009.

［2］耿玉东.技巧与实战：高尔夫经典技法100篇［M］.北京：人民体育出版社，2009.

［3］李晓光，马万里.用技术打球：高尔夫挥杆技术分析［M］.长沙：湖南人民出版社，2013.

［4］史提夫·纽威尔.图解高尔夫完全学习手册［M］.林虹均译.北京：电子工业出版社，2009.

［5］哈维·彭尼克，巴德·施拉克.高尔夫红宝书［M］.崔志强译.西安：陕西师范大学出版社，2006.

［6］LEADBETTER D. The Golf Swing［M］. London：The Penguin Group，1990.

［7］WOODS T. How I Play Golf［M］. Newyork：Grand Central Publishing，2011.